研究生生涯发展与规划

主　编　宫建红
副主编　董雪梅　马　莲　宗文婷
　　　　张军蕊　王　媛

山东大学出版社
SHANDONG UNIVERSITY PRESS
·济南·

图书在版编目(CIP)数据

研究生生涯发展与规划/宫建红主编．—济南：山东大学出版社，2021.10

ISBN 978-7-5607-7167-0

Ⅰ．①研…　Ⅱ．①宫…　Ⅲ．①研究生—职业选择　Ⅳ．①G647.38

中国版本图书馆 CIP 数据核字(2021)第 215152 号

责任编辑　陈佳意
文案编辑　滕正辉
封面设计　牛　钧

出版发行　山东大学出版社
社　　址　山东省济南市山大南路 20 号
邮政编码　250100
发行热线　(0531)88363008
经　　销　新华书店
印　　刷　济南乾丰印刷有限公司
规　　格　720 毫米×1000 毫米　1/16
　　　　　11 印张　215 千字
版　　次　2021 年 10 月第 1 版
印　　次　2021 年 10 月第 1 次印刷
定　　价　42.00 元

出版说明

山东大学自1901年办学兴校伊始就以“立德树人，育人强国”为根本宗旨，始终将大学的命运与国家民族的命运紧紧联系在一起，为天下储人才、为国家图富强，引导学生通过求学成才，报效国家。山东大学是中国近代研究生教育理念与实践的起源性大学之一，是全国最早招收和培养研究生的高校之一，是中国研究生培养的重要基地。2020年，以“培养最具创造力的研究生”为目标，学校制定了首个研究生教育综合改革发展意见，研究生教育以“立德树人，服务需求”为鲜明旗帜，全面进入新时代，致力于铺就一流大学建设的“强校之路”。2021年，山东大学迎来120周年华诞，“百廿山大强校兴国”，是10万多名山大研究生学子永恒不变的初心使命。未来的研究生教育，将在山东大学“由大到强”的历史性转变中，在教育强国、人才强国、科技强国的理想奋斗中继续变强，为实现中华民族伟大复兴作出新的更大贡献！

课程体系优化和精品课程建设是人才培养质量的保障，深化研究生培养模式改革首要的就是要进一步优化学科课程设置。本丛书以公共课程智慧教学与研究为主题，聚焦研究生教育教学改革、创新研究生育人模式，从“教”与“研”两个视角对研究生公共课程教学进行深入思考，推进研究生公共课程多元化智慧教学创新改革，打造内容国际化、形式现代化、手段智慧化的优质研究生公共课程体系，促进研究生培养质量进一步提升。

本丛书的建设目标为：

一是打造国际化、世界一流的课程内容。公共课程创新计划旨在贯彻落实建设教育强国战略方针，探索新形势下研究生教育发展趋势，对标世界一流高校的先进经验和做法，引入最新的研究生课程教育教学理念，进一步提高研究生公共课课程教学质量。

二是打造现代化、多元化的全新课程形式。全面改革公共课程现有授课模式，对公共课教学的瓶颈问题进行针对性的梳理、总结，对多种在线教学模式进行比选融合，对课程知识点进行组合和重构，推进线上线下混合式教学，实现研究生公共课程体系现代化。

三是打造精品化、全面化的公共课教学体系。鼓励和倡导以公共课程设置创新为契机对智慧教学的规律、特点进行探索，对课程授课方式、授课内容、课程成绩评价体系进行全面更新，以跨学科公共课程体系为依托推进导师团队建设、学科交叉创新、科教产教融合。

本丛书将对深化研究生教育教学研究、推进研究生公共课程体系优化、提高研究生教材建设水平等有所裨益。

山东大学研究生院、党委研究生工作部

2021年10月

前　言

这是一本写给研究生同学的有关职业生涯发展的书。为什么要写这样一本书呢？一方面是配合“研究生生涯发展与规划”课程的教材需要，另一方面是希望通过文字的方式与同学们交流“职业生涯”可能面临的问题、认识、方法与对策。

曾经，研究生学历甚至本科学历都是“轻松就业”“高质量就业”的保障，但是随着我国高等教育的快速发展，大学生、研究生的人数提升，随之而来的大学生、研究生就业压力逐年增加。研究生在若干年前还属于“稀缺人才”，但是随着国家考研录取人数的增加，考研大军的扩大，研究生学历带来的就业优势正在被稀释。如何好就业、就好业，关系到国计民生，而如何让我国最高等教育的人才发挥最大作用，让学生找到自己的发展方向和人生使命，则是所有教育者和全社会都需要重视的问题。

本书介绍了时代发展、职业变迁、社会需求以及职业兴趣、性格、价值观与技能等内容，还介绍了研究生阶段需要注意的学术规范、人际交往、情绪调节，以及求职过程中简历、面试、就业政策的相关信息。

本书适用于研究生同学、对研究生生涯发展感兴趣的老师和社会各界人士。希望本书能够为读者提供关于职业发展的新想法、新思路，帮助同学们少走弯路，尽早找到人生方向，也希望本书的出版能促进全社会对研究生就业工作的重视，让每一位学子在未来职业发展中实现梦想，造福国家和社会。

本书由宫建红担任主编，董雪梅、马莲、宗文婷、张军蕊、王媛担任副主编。其中宫建红负责第一章、第二章、第三章、第六章、第十章和第十一章的编写，董雪梅负责第七章的编写，马莲负责第十四章的编写，宗文婷负责第九章的编写，张军蕊负责第八章的编写，王媛负责第四章、第五章、第十二章和第十三章的编写。

由于编者水平和时间有限，书中难免存在不足之处，恳请广大读者批评指正。

编 者
2021年10月

目　录

第一章 概论

美国石油大王洛克菲勒在给儿子的信中告诫说："如果你视工作是一种乐趣，人生就是天堂。如果你视工作为一种义务，人生就是地狱。"[①]或许人都希望自己死后能够升入天堂，但其实不用等到死后，只要拥有一份自己热爱的职业，你现在就进入了"天堂"。

马克思在他的毕业论文《青年人选择职业时的考虑》的开头部分提到："人与动物的区别是：动物是基于生存的压力而活动，一成不变；而人可以根据自己的喜好而选择自己的职业，过上自己喜欢的生活。"[②]也就是说，一个工作中的人，才是真正的人，没有工作的生活，某种意义上与动物无异。

但是世界瞬息万变，职场风起云涌，"职业生涯"的概念也在不断演化。每个人都希望拥有幸福、成功的职业状态。"什么是成功又幸福的职业生涯"，对于新时代的年轻人来说，这个问题与父辈们相比，可能有着完全不同的答案。

布莱恩在他的《远见：如何规划职业生涯 3 大阶段》中提到："仅与 10 年前相比，职场几乎已经变得面目全非了。许多曾在上一代人身上奏效的就业技巧和职场策略在今天已完全失效，当今的职场人面临着一些独特的挑战。大多数人工作的时间比睡觉的时间更长，很多人与家人在一起的时长根本比不上工作时长。一辈子在工作上耗费 100000 小时的人不在少数。"[③]

对于每一个对职业有所憧憬，希望在职场上有良好发展的人来说，了解新的生涯知识，找到自己热爱和擅长的职业发展道路，变得比以往任何时候都更加重要。

---

① [美]洛克菲勒：《洛克菲勒留给儿子的 38 封信》，中华工商联合出版社 2012 年版，第 20 页。

② 《马克思恩格斯全集》第 40 卷，人民出版社 2016 年版，第 1 页。

③ [加]布赖恩・费瑟斯通豪：《远见：如何规划职业生涯三大阶段》，苏健译，北京联合出版有限公司 2018 年版，第 2 页。

一、职业生涯比你想象的漫长

职业生涯的英文单词是“career”。这个单词源自拉丁语，衍生自拉丁词根car-(车)和词根curr-(奔跑，驾车疾驰)，本意是指“供马车疾驰的道路”。古罗马人经常举行马车竞速比赛，在比赛中，选手们驾驶着四匹马拉的两轮车，在环形赛道上高速行驶。这种赛道就是career。后来，career一词的含义从“赛道”引申为“马车在赛道上的高速行驶”，泛指“全速前进、高速奔跑”。

我们常说职场如赛场。人在职场中的发展就像是马车在赛道上的疾驰。因此，在现代，career常用来比喻人的事业或职业生涯、职业发展路线。研究表明，信息化时代人一生中平均要换5～7次工作、2～3个不同的职业。我们可以把每一次职业都看作一次“全力奔跑”。

《远见：如何规划职业生涯3大阶段》一书中提到，职业生涯持续的时间比人们想象的长得多，至少有45年之久，而且未来很可能会进一步延长。[①] 职业生涯中随时都会出现意外，需要随机应变。职业生涯是生活的一大部分，线上办公、移动办公使得人们难以将工作和生活严格分开。

二、研究生的发展数量急剧增加

按总人口来看，我国研究生的相对数量偏低。截至2020年，已录取硕士研究生1100万人[②]，占总人口的比例约为0.78%。也就是说1000人里，只有不到8个人是研究生学历，与欧美发达国家还有很大差距。所以，研究生在未来相当长的时间里都还是我国的高端稀有人才。研究生的就业质量、研究生对职业的热情和敬业程度，直接决定了我国科技实力、创新能力、创新水平的高度。对研究生进行生涯发展的指导，是社会良好发展的重要保障。

虽然相对数量较低，但是研究生的绝对数量在逐年增加。我国的研究生大规模入学始于20世纪90年代，报名人数从1995年开始，平均每年增加4万人。1995～2018年，中国的研究生入学人数共计约806万人。从表1-1可以看出，2014～2021年我国研究生的报考人数、录取人数呈逐年上升的趋势。其中，2012年录取研究生人数首次超过50万人，2019年招生约72万人，2020年报考341万人，最终录取了111.4万人。

---

① 参见[加]布赖恩·费瑟斯通豪：《远见：如何规划职业生涯3大阶段》，苏健译，北京联合出版公司2018年版，第12页。

② 参见国家统计局网站，http://www.stats.gov.cn，2021年8月9日。

表 1-1 2012～2021 年我国研究生报考及录取人数

年份	报考人数(万)	录取人数(万)	招录比
2021	377.0	120.0	3.1∶1
2020	341.0	111.0	3.1∶1
2019	285.0	72.0	4.0∶1
2018	238.0	76.3	3.1∶1
2017	201.0	72.2	3.1∶1
2016	177.0	59.0	3.0∶1
2015	164.9	57.1	2.9∶1
2014	172.0	54.9	3.1∶1
2013	176.0	53.9	3.3∶1
2012	165.6	51.7	3.2∶1

资料来源：国家统计局网站，http://www.stats.gov.cn，2021 年 8 月 9 日。

20 世纪八九十年代，本科生数量极少，是当之无愧的社会精英，一直属于供不应求的状态，没有人担心其就业问题。随着我国高等教育的快速发展，本科生数量迅速增加，就业竞争的压力也逐渐递增，本科生就业成了国家和社会关注的民生问题。教育部已经将“本科生就业数量和质量”作为评价一所大学办学水平的重要指标。

对于研究生来说，现阶段还不存在就业困难的问题。但是研究生教育作为高等教育的最高层次，国家、社会、学校都投入了大量的资源，研究生自己也投入了他一生中最宝贵的时间进行学习。研究生群体理应是最有创新性和创造力的群体。其职业发展状况不但决定着他本人的人生成就和生活状态，同时决定了社会稳定、科技发展的程度。

三、每个人都是自己生涯发展的负责人

如果我问你：一个人的职业选择、生涯发展、人生状态是否成功、幸福，谁应该负主要责任，你将如何作答呢？

有的同学可能说“基因起主要作用(genetic determinism)”。他们说：一个人的脾气不好，那是因为他的家族 DNA 中有坏脾气的因素，他自己无法左右。一个人的兴趣、性格也有基因的影响，这是改不了的。所以，人无法决定自己的未来。

有的同学可能会说“原生家庭起主要作用”。他们说：一个人的本性由父母

的言行决定。父母的教育方式和自己的童年经历密不可分，童年经历会决定一个人应对问题的模式、重大的人生选择。如果是受到因为表现欠佳而遭遇的惩罚、排斥，从而造成了心灵伤害，那么一辈子都无法成为成功和幸福的人。

还有的同学会说“环境决定了一个人的本性和发展”。他们说：一切都是环境的产物，生活的城市、学校、周遭的人与事、子女、伴侣、老板或者经济状况乃至国家政策，都会对一个人的选择和发展起决定性影响。

我们不否认，外界环境和条件作用的影响巨大，但这些东西并非能凌驾于一切之上，以至于可以决定我们的命运。一个人永远有选择的自由。

第三心理治疗学派——意义治疗与存在主义分析的创办人弗兰克尔①，因为是犹太人，曾在二战期间被关进纳粹德国的死亡集中营，其父母、妻子与兄弟都死于纳粹魔掌，只剩下一个妹妹。他本人也饱受凌辱，历尽酷刑，过着朝不保夕的生活。对于物质环境，纳粹享有决定权，但是弗兰克尔发现他享有更伟大的自由——他可以决定外界刺激对自己的影响程度，或者说，在遭遇（刺激）与对遭遇的回应之间，他有选择回应方式的自由或能力。他强大的内心力量可以帮助他实践自己的选择，超越纳粹的禁锢。这种力量感化了其他囚犯甚至狱卒，帮助狱友们在苦难中找到生命的意义，寻回自尊。

正因为集中营中的悲痛经验，使弗兰克尔发展出积极乐观的人生哲学，推广已经被他证实有效的“意义疗法”，完成了著作《活出生命的意义》，通过在全世界演讲和讲座，帮助成千上万的人发现生命的意义，创造属于自己的人生价值。

尼采说过，打不垮我的，将使我更加坚强。人类最基本的能力在于，发现一个可给予个人忍受任何情境而可坚持下去的理由并希望借此使个人的生活更充实，且能提供个人的存在是有意义且有价值的一种认同。

在这星球上的70亿人中，只有一个人能够陪伴你走完整个职业生涯，那就是你自己。因此，你应当是自己职业策略和职业规划的设计师。

四、本书的主要内容和学习方法

综上所述，我们每个人都应该仔细思考自己的生命意义、职业意义，思考自己与社会、国家以及这个世界的联系，通过选择合适的生涯发展方向实现生命意义。

本书的主要内容包括了解时代发展带来的行业和职业的巨大变化，外在世界对职业素养的能力要求有哪些调整，同时帮助我们了解自己的兴趣、性格、价

① 弗兰克尔（Viktor Emil Frank，1905～1997），奥地利著名心理学家，著有《活出生命的意义》《意义的意愿》《无意识的上帝》《精神治疗和存在主义》等。

值观等内在相对恒定的特质以及研究生同学面临的学术规范、职业道德、人际关系、情绪管理、简历面试撰写等相关内容。目的是帮助同学们建立一个职业生涯规划的框架,希望它不仅可以用来甄选工作,而且能成为一种让职业生涯融入更广阔的人生追求里的整体方法,帮助大家早日实现事业发展以及终极幸福。

如何学习本书中的内容呢?

首先,意识到行动的重要性。

生涯发展的内容是一门实践性极强的学科。必须是在不断的行动和尝试中,我们才能了解自我,了解我们和外部世界的关系,找到适合自己的职业道路。在行动中学习是生涯学习的基本原则。缺乏行动的理论学习,都是纸上谈兵,不足为据。

其次,思考和反思是生涯学习的基础能力。

如果没有思考和反思,找到期望的职业发展道路只能靠拼运气获得。每次行动前、行动中和行动后有所思考,总结探索的经验和自己的感受,会对下一次行动提供方向和有益的指导,加快我们找到职业道路的速度。

最后,互相交流有助于提升行动和反思的质量。

自我探索和对外探索之路都是崎岖幽深的,这路上风景迭起,但是因为未知太多,常常让我们有不安、担心、想逃避的冲动。很多时候,人们会愿意放弃思考,随波逐流,就是因为这种不安感所致。如果你有一个学习伙伴,和你共同走上这条探索和学习之路,你会有更多的力量。

我们希望通过这本书的内容,给大家提供一种“并不只是找到热爱的工作,而且是创造出热爱的生活”的方法。从此刻开始,让我们走上成功又幸福的职业探索道路。

祝我们好运吧!

第二章 注意：VUCA 时代来了

> 这是一个最好的时代；这是一个最坏的时代，这是一个智慧的年代，这是一个愚蠢的年代；这是一个光明的季节，这是一个黑暗的季节；这是希望之春，这是失望之冬；人们面前应有尽有，人们面前一无所有；人们正踏上天堂之路，人们正走向地狱之门。①
>
> ——狄更斯

上面这段话非常具有唯物辩证法的对立统一性。任何一个时代都是机会与风险并存，同一个时代，总是有人乘着时代的浪潮站在高处，也有人被时代的巨轮抛下，被远远地甩在后面。今天，不同于以往任何一个时代：技术发展导致行业变迁，行业变化带来职业的日新月异。一大批前所未有的新职业诞生，同时很多岗位和职业又消失无踪。而那些还未消失的职业，工作内容也发生了巨大的变化。所以，只有了解这个时代的特点，才能适应时代，借助趋势成就自我。

第一节 VUCA 时代有何特点

一、VUCA 概念的提出

VUCA（读作“乌卡”），是 volatility（易变性）、uncertainty（不确定性）、complexity（复杂性）以及 ambiguity（模糊性）这四个英文单词的首字母缩写，由美国陆军在 20 世纪 90 年代提出，是对冷战后世界形势描述的一种概念。

2000 年以后，动荡的政治和经济环境、飞速发展的科技以及全球化带来的

① ［英］狄更斯：《双城记》，张玲、张扬译，上海译文出版社 2011 年版，第 3 页。

社会变化等因素共同作用，在诸多行业掀起大变革。尤其在 2008 年全球金融危机发生后，“VUCA 时代”的概念再度兴起。管理领域、商业领域、职业发展领域都在谈论 VUCA 带来的影响和应对方式。

VUCA 时代与之前的传统时代有很大的不同，其中最大的不同就是“不确定性”：新技术不断普及，许多行业的运营模式和格局被彻底颠覆；全球市场、供应链和金融体系高度互联，导致“蝴蝶效应”屡见不鲜；地缘政治紧张、贸易摩擦等因素，更加剧了商业世界的动荡。

美国经济学家、诺贝尔经济学奖获得者加尔布雷斯（John K. Galbraith），在 1977 年出版了《不确定的时代》。在加尔布雷斯看来，20 世纪 70 年代与 19 世纪，甚至 20 世纪前半期的世界大相径庭。人类遭遇的问题日益复杂难明，踌躇难决，对全球发展的预测日益困难，曾经的可确定性和可预测的时代已经被充满不确定性和难以预测的时代替代。

20 世纪 20 年代，德国物理学家、量子力学创始人之一、诺贝尔物理学奖获得者的维尔纳·海森堡（Werner Heisenberg），发表了题为《论量子理论运动学与力学的直观内容》（Ueber den an schaulichen Inhalt der quantentheo retischen Kinematik und Mechanik）的论文，提出了著名的“海森堡不确定性原理”（uncertainty principle，又译为“测不准原理”）。根据“海森堡不确定性原理”，在一个量子力学系统中，一个运动粒子的位置和它的动量不可被同时确定，位置的不确定性和动量的不确定性是不可避免的，波耳假定的电子轨道并不存在。

海森堡和加尔布雷斯，他们二人相隔半个世纪，分别从量子力学原理和经济思想史及其背后经济史的角度提出了“不确定性”问题，启发人们用“不确定性”的思维方式去思考自然界和经济社会。

今天，对于企业来说，正在频繁地遭遇高度不确定性的挑战，而大多数企业还未来得及作好应对的准备，对于个人来说，陈旧的思维方式，已经无法满足新环境的需求。

二、VUCA 时代的含义与特点

亨利·明茨伯格在其《战略规划的兴衰》（*The Rise and Fall of Strategic Planning*）一书中一针见血地指出：“在一片未知的水域给船只设定事先规划好的线路，这将使船只撞上冰山的可能性达到最大。”[①]意思是：在未知的领域，如果僵化、教条地执行计划，会导致非常危险的后果。

VUCA 时代的特点可以从其含义当中窥见一斑。下面我们分别从 volatili-

---

① 转引自林光明：《敏捷基因：数字纪元的组织、人才和领导力》，机械工业出版社 2020 年版，第 38 页。

ty(易变性)、uncertainty(不确定性)、complexity(复杂性)以及 ambiguity(模糊性)四个方面来分析一下这个时代的特点。

volatility(**易变性**):指所处的环境极易发生变化,并且十分不确定。在事物发展的过程中会有突发事件发生。世界变得越来越不稳定,大大小小的变化越来越充满戏剧性,而且发生得越来越频繁。今天我们有非常多的新兴行业,比如新零售、电商直播、新媒体、人工智能等等都是过去不存在的行业,而且短短几年就会有一个新的行业出现,都说明"易变"是这个时代的突出特点。

uncertainty(**不确定性**):指输入和输出之间的关系是不确定的。人们越来越难以预测事件的走向,预测和经验正在失去相关性,能作为预测未来形势的基础的事物越来越少,而且变化发生之后,也很难用传统的评价方式去衡量一个事物或现象的好坏与趋势。所谓的"黑天鹅事件"数量越来越多、频率越来越频繁。比如 2020 年初的新冠疫情就是一个波及全世界范围的不确定性事件,对很多行业造成了巨大影响。

当代年轻的职场人都非常有危机感:担心被裁员,离开公司自己创业,看起来又前途未卜。有新工作机会,想跳槽,又担心新的职位和岗位对能力要求高,压力太大。相比于考研时的坚决和笃定,硕士生同学面临读博士还是就业陷入了深深的迷茫。其实都是源于对这个时代不确定性的一种焦虑和担心。

complexity(**复杂性**):指事物是由很多变量组成的,而且这些变量之间的相互关系非常复杂。现代世界比以往任何时候都复杂,各种不同的因素从不同角度、不同层次混在一起对事情发生着影响,人们越来越难以对事物之间的联系进行全方位的了解。组织中有许多不可控因素,管理难度有了大幅度的增加。你很难找到一个直接的因果关系描述一个成功事件,任何一个结果都有可能是很多个因素造就的,所以成功越来越难以复制。

ambiguity(**模糊性**):指事物或者某种关系的边界变得模糊不清而且跨界的范围扩大到各个方面,难以用传统的方式去定义和划分。事物之间的界限变得越来越模糊,交叉融合普遍发生,跨界经营随处可见。比如,美团外卖打败了康师傅;微信抢占了移动和联通的业务;阿里巴巴进入金融行业,做出了支付宝……组织在制定自己的工作规范的时候,会故意留一些边界不清的环节,让负责人可以用自己的方式来创造性地解决问题。因此,VUCA 时代对于复合型人才的需求大大增加。

总的来说,VUCA 时代一切都在变化,"变"就是这个时代最大的特征。你无法预测,无法确定做计划,无法给出简单的因果关系,也无法明确它的边界。

三、应对 VUCA 时代的对策

在具有不确定性的 VUCA 时代,困难在哪里?难就难在目标不清楚、不确定，目标在变化、在漂移，时隐时现，时好时坏。不仅目标不清晰，达成目标的路径与方法有时也不清晰。

案例

在软件开发领域，互联网产品的开发经常遇到挑战。QQ和微信在开发之初，目标并不清晰，商业模式也不清楚。在QQ早期的时候，有一档栏目叫《对话》。当时马化腾还很稚嫩，他向海尔的张瑞敏寻求资金支持，期待100万元的投资。张瑞敏问马化腾QQ的功能和价值是什么，马化腾费了九牛二虎之力，解释了QQ的功能和意义。张瑞敏回答说，他不能投资，他不知道QQ的商业价值，因为他不敢想象，如果海尔的员工都使用QQ，会不会影响工作。试想，如果张瑞敏当年投资了腾讯，会不会成为今天腾讯的第一大股东？

张小龙当年开发微信时也并不清楚微信的价值，也预测不到今天的结果。事实上，微信的功能是一步一步丰富起来的，场景应用是一步一步拓展来的，微信红包就是后来加上去的，微信支付也是后来才想到的。[①]

没有人先知先觉，在项目一开始，就能把项目的目标、路径与方法都定义清晰、把计划做完美。

时代变了，你也得变。在今天这个VUCA时代，我们需要全新的思维、全新的方法，才能应对不确定的环境。

彼得·德鲁克[②]说："效率（efficiency）就是以正确的方式做事，有效性（effectiveness）就是做正确的事情。"[③]在工业化时代，我们一直在努力用还原论的逻辑分析如何用最小的输入值（各种资源）获得最大的产出（效益、投资回报率）。然而，到了信息时代的VUCA环境下，如果还是以这种静态的线性思维方式来进行工作，可能费尽心思提升的效率，根本就没有解决需求，因而全做了无用功。

360公司创始人，人称"红衣主教"的周鸿祎在一次演讲中说："应对不确定的唯一方法，就是要敢于试错，敢于冒一定的风险。"

管理方面，丰田公司在生产领域提出了"精益"的概念，被作为应对VUCA时代的有效策略。后来由此概念发展出如"精益创业""精益设计"等方法。早期的软件工程师们在软件开发领域提出了"敏捷"（Agile）的概念。著名设计公司IDEO和斯坦福设计学院在设计领域总结出了"设计思维"（design think-

① 参见沈小滨：《转型领导力》，电子工业出版社2020年版，导论第5页。

② 彼得·德鲁克（Peter F. Drucker，1909～2005），祖籍荷兰，后移居美国，现代管理学之父，出版30多本书籍，被翻译成30多种文字，传播及130多个国家。

③ [美]彼得·德鲁克：《非营利组织的管理》，吴振阳译，机械工业出版社2018年版，第198页。

ing),后被谷歌创投改造成为"设计冲刺"[①](design sprint)。

这些概念的具体应用细节不同,但背后的思想是同宗同源的,它们都有这样几个关键词:迭代、试错、小步快跑。概念的实际操作是打造"最小可行性产品"(MVP, minimum viable product)。MVP 的理念非常适用于应对 VUCA 时代的不确定性和复杂性。我们的生涯发展,也可以借助这个理念:直接从事一个与理想职业最接近的职场身份,在体验中不断调整,慢慢靠近理想的职业状态。

既然变化是确定的,不确定性是必然的,那么追随变化就越来越难以实现,作为未来的职场人,最重要的是找到相对不变的人生战略基石。亚马逊创始人贝索斯说:"别人都在问未来十年什么会变?而我关注的是未来十年什么不变。"

如何找到个人"战略"基石,可以用"VUCA2.0"作为指导思想。

VUCA2.0 即 vision(愿景)、understanding(认知)、courage(勇气)、action(行动),同样可以缩写为"VUCA"。

vision(愿景):无论是组织还是个人,拥有清晰、笃定、美好的愿景和使命,就好像在茫茫大海中有了指明灯和灯塔的指引,可以穿过迷茫、多变和复杂的当下,到达美好的未来。

虽然工作岗位和行业都在不断变化,但是价值观和动机通常是比较稳定的。我为什么要做这件事情?为什么要从事这个职业而不是其他职业?我为什么要做这个工作?这些问题会带我们找到指明灯和灯塔。

事实上,中国共产党能够从无到有,从小到大,带领中国人民从一穷二白实现了小康社会的巨大跨越,靠的就是"为中国人民谋幸福,为中华民族谋复兴"的愿景和使命。有了这样的初心,一代代中国共产党人前赴后继、英勇奋斗,在战火纷飞的年代,不怕牺牲,努力奋斗,有了我们今天幸福、平安、美好的生活。

对于个人,如果我们有了美好的愿景,就会产生动力去塑造环境,创造未来。VUCA 时代特别强调计划和变化的有机结合。长远的方向确定之后,在执行计划的过程中遇到变化,就有动力"逢山开路,遇水搭桥",进行灵活的调整,只要向着愿景的方向前行,就会有坚定的力量。愿景就如同旅行的目的地,如果我们真的想到达那里,就算会有天气变化、交通工具简陋、资源和经费不足等各种阻碍,我们也总会想方设法地开启行程。

understanding(认知):《庄子》曰:"井蛙不可以语于海者,拘于虚也;夏虫不可以语于冰者,笃于时也。"[②]为了跟上时代,我们需要突破经验的束缚,升级自

---

① 苏杰:《人人都是产品经理》,电子工业出版社 2020 年版,第 12 页。

② 《庄子》,方勇译注,中华书局出版社 2015 年版,前言。

己的认知模式和心智模式。

《孙子兵法》里说到战略的根基是知己知彼。我们每个人都应该自问："变化当中不变的因素是什么？哪些因素未来5年、10年都不会变？"把战略建立在不变的因素之上，才能拥有更加稳固的根基和未来。战略的本质是为保证持久的竞争优势，而创造价值、创造独特的价值（稀缺）、创造的价值难以替代、有合适的组织形式让战略落地，这几点共同构成了保持竞争优势的根基。

我们每个人在过去都取得过成功，也经历过失败。有的失败会反复出现，最重要的原因之一是我们的认知没有转变。环境在变，过去的认知优势，可能已经转变为劣势。比如在学校里"听老师话，做模拟题，提升考试成绩"这种认知帮我们在学校里成为"好学生"，考上了好大学的本科生、研究生，这是过去的认知优势带来的好的结果。但是到了职场中，任务不再具体，解决方案没有标准答案，也没有老师随时答疑，过去应试式的思维认知就变成了劣势，阻碍了发展。

courage（勇气）：成功并非终点，失败并不致命，至关重要的是继续前行的勇气。

选择和行动都需要勇气。阿德勒（AlfredAdler）在《自卑与超越》[①]中提到，我们并不缺乏能力，只是缺乏"勇气"。一切都是"勇气"的问题。

每个人都希望将好的一面展示给别人，当无法做到时，干脆隐藏起来。我们的传统教育中最关键的考试"高考"，训练的就是我们要"尽量多的准备好，再上场"。因为，如果准备不足，就会考试失利，就会失去"进入优秀大学"的机会，这个代价太大了。所以，所有的高中生都在夜以继日地准备、准备、再准备。

考研的情况也同样如此。很多同学大学四年的时间主要就做了一件事：准备考研。从公共课到专业课，看教材、做习题、查资料、上辅导班。所有的一切都只为了那两天的"上场作战"。

在这种学习环境下成长的大家习惯了"一击必中""一战而胜"的重要性。但是在VUCA时代的职场中，正确的策略是"迭代、试错、小步快跑"。我跟同学说："你可以把第一次到第三次的尝试当作练习和彩排，把第九次和第十次当作正式演出。"这样，就比较容易的踏出第一步了。

火箭腾空，离开地面时耗费的能量最大，一旦进入太空，需要的能量反而变少了。所以，勇敢开启第一步是最重要的，也是最难的。所谓"万事开头难"就是这个道理。

action（行动）：2020年年初去世的杰克·韦尔奇说："长久的竞争优势只有

---

① 参见［奥］阿尔弗雷德·阿德勒：《自卑与超越》，杨惠译，世界图书出版社2019年版。

两个来源，第一是你有比竞争对手更早洞察到客户需求的能力，第二是你有比别人更快把这种洞察付诸行动的能力。再远大的理想没有实实在在的行动做根基也是一场空。”①

战略是行动方向，指导我们的行动，同时在行动中不断明晰或修正。一方面，战略是通过行动实现的；另一方面，战略的魅力在于，每一片“田地”都不一样，最大的挑战是如何因地制宜。在今天，无论是小型的团队创业，还是大型企业的新版图创业，都在遵循迭代的思维。对于我们个人来说，也需要人生战略。我们应该意识到，战略管理的过程是一个不断重新评价和调整的动态过程。不管眼前经历什么样的困难，把愿景付诸行动，让每个行动都离愿景更近一步才是关键。以不变应万变，提升自己的专业能力，做到在小赛道里面成为专家。小步验证，快速迭代，保持开放共享的心态，随时学习和充电，保持自己的多元知识体系的构建。

明确职业选择的意义和价值，提高认知，保持勇气面对困难，能够接受失败，持续行动，拥抱变化，只有这样的人才能够在 VUCA 时代生活得越来越好，发展道路越来越宽，发展前景越来越光明。

第二节　VUCA 时代行业变化

一、行业的含义与趋势

我们在对研究生的调研中有个问题是：“你当下最大的困惑是什么？”许多同学说：“我的困惑是我到底应该选择什么样的行业和职业。”下面我们就来看看行业与职业的发展趋势。

我们先来看看 VUCA 时代对行业发展与变化的影响。

1. 行业的含义

行业，是指从事相同性质的经济活动的所有单位的集合，英文是“industry”，比如金融行业、互联网行业、教育行业、医疗行业、娱乐行业。

综观世界各国的经济发展，我们可以发现行业发展的规律：所有的行业发展都是从低级到高级。低级就是以自然资源掠夺性的开采利用为主，以低端的制造和加工为主。高级指的是规模经济科技密集型、金融密集型、人才密集型和知识经济型这样的行业为主。

低级行业输出的是自然资源，比如矿产资源、森林资源；高级行业输出的是

---

① 陈春花等：《企业家的戈壁商学院：戈壁挑战赛的领导力、组织力、战略力和公益力》，机械工业出版社 2021 年版，第 256 页。

工业产品、知识产权和高科技人才。

2. 趋势的重要性

从美国200多年的发展来看，人类经历了六个大的行业增速变迁，分别是蒸汽轮船时代、钢铁时代、铁路时代、电力电话时代、汽车时代、电脑和互联网时代。每个时代都会出现一个伟大的人物，比如蒸汽时代的瓦特；钢铁时代的安德鲁·卡内基；电力电话时代的爱迪生；汽车时代的福特；电脑时代的比尔·盖茨；英特尔互联网时代的拉里·贝奇（谷歌创始人）、扎克伯格（Facebook创始人），马云（阿里巴巴创始人）、马化腾（腾讯创始人）。他们之所以伟大就是因为他们把自己最有创造力的职业生涯的前半段投入到了一个快速增长的行业里面，所以成为时代的英雄，也获得了巨大的回报。

有句老话说：男怕入错行，女怕嫁错郎。说的就是怕选错行业和趋势。

雷军说过："一个人要做成一件事情，其实本质上不是在于你多强，而是你要顺势而为，于万仞之上推千钧之石。"《孙子兵法》里讲："故善战者，求之于势，不责于人，故能择人而任势。任势者，其战人也，如转木石；木石之性，安则静，危则动，方则止，圆则行。故善战人之势，如转圆石于千仞之山者，势也。"

其中，"故善战者，求之于势，不责于人，故能择人而任势"说的就是"势能"对结果的影响和重要性。

梁宁①在她的《产品思维30讲》里面举了一个案例：有一对双胞胎，在2010年一起大学毕业，一个加入腾讯，一个进入报社。7年之后，去腾讯的那位已经年薪百万，而且满街都是挖他的猎头。投资人也在挖他，想出来创业立刻就能筹到钱。去报社的那位，因为报社沉沦了，他曾经寄托理想的整个产业都没有了，一切都需要重来。

这里不是说双胞胎的素质或者能力有多大差异，也不是说他们分别跟随的领导的能力或者个人操守有问题。核心问题是这两个单位所附着的经济体，一个在快速崛起，一个在快速崩溃。

有关趋势的"点线面体"对职业发展的影响，梁宁说："我们每个人在职业发展的初期应该多多思考：我们的职业（点）附着在哪个面上？这个面，是在哪个经济体上？这个经济体，是在快速崛起，还是沉沦？悲催的人生，就是在一个常态的面上，做一个勤奋的点。更悲催的人生，就是在一个看上去常态的面上，做一个勤奋的点，你每天都在想着未来，但其实这个面正在下沉。最悲催的人生，就是在一个看上去常态的面上，做一个勤奋的点，其实这个面附着的经济体正

---

① 梁宋，产品人，曾任湖畔大学（现浙江湖畔创业研学中心）产品模块学术主任，联想、腾讯主管理，CNET集团副总裁，工作经历横跨BAT，与美团、头条、京东、小米等企业有长期深度交流。

在下沉。”[①]

了解行业的发展趋势，将有利于我们的职业生涯跟随行业的趋势获得更大的回报。

二、VUCA 时代的行业特点

VUCA 时代与传统工业经济时代的一个显著差异在于 VUCA 时代信息的不对称性几乎不存在。

信息流动的成本越来越低，每个行业的变化都会快速引起其他行业的变化。VUCA 时代的易变性、不确定性、复杂性和模糊性的特点让行业也有相应的变化。

易变性让行业变迁更迅速，市场环境越发瞬息万变，让市场竞争、行业竞争越来越激烈。不确定性让行业的发展有多种可能性，制定长远的战略对于企业、组织和个人来讲都更加困难。复杂性和模糊性让行业合并，行业洗牌发生更频繁。

在 VUCA 时代，伴随着横扫全球的力量正在重新塑造工作环境、劳动力和工作本身，高价值的“人才”群体悄然发生翻天覆地的变化：比以往任何时候更有流动性、更加稀缺、更加关注体验、更加关注自我价值的实现和发挥。

总结来说，VUCA 时代的行业变化有以下五个特点：

1. 旧岗位消失、新岗位涌现

具体在服务金融教育、财务医疗领域，比如自助扫码结算机器人、送餐机器人、客服机器人、甚至机器人导游、机器人快递员等都会取代基本的岗位。随着 AI 人工智能技术的深入开发应用，未来像股票交易员、会计、医生、教师、律师、翻译等看起来比较专业的岗位也会受到冲击。不过旧岗位消失的同时，新岗位也在涌现。目前，大量岗位人才缺口很大，比如数据分析师、物联网人才、程序员、产品经理等，对人们的技能和专业有了新的要求。

2. 行业变化速度加剧，铁饭碗消失

行业变化越来越快，企业的寿命越来越短。前几年摩拜单车盛极一时，不过几年的时间，就由盛转衰。十年前有许多企业巨头，今天都不见了踪影。因为技术的变革，传统行业消失，相应的公司也失去了市场竞争力。包括很多大型国有企业，或是大型的民营企业，曾经是“稳定”“保障”的代名词，今天因为无法满足市场需求，被兼并或者破产，其中的员工不得不进入人才市场，重新求职。铁饭碗消失的好处是选择变得多元化，更自由。从民营企业到外资，从程

---

① 梁宁：《产品思维 30 讲》，“得到”在线课程第 8 讲“机会判断：点线面体的战略选择”。

序员到直播网红，很多人在多维度的选择中受益。

3. 管理岗位变少，对领导力的要求更高

互联网时代，个体价值被平台放大，组织架构从金字塔走向扁平化，企业被要求走向赋能型组织。企业对人才的要求越来越高。很多岗位虽然不是管理岗位，但是需要员工自我驱动，有时间管理能力、沟通能力、团队协作能力等，而这些其实都是领导力的表现。VUCA时代，计划、管理和控制越来越不起作用，需要更多的自我领导，自我驱动。

4. 个人需求与追求的升级

更多的年轻人不满足于工资和股权等物质收益，追求自主权、意义感和灵活性，希望工作体现个人价值，注重长期的成长和发展空间。年轻人应意识到：公司不再保证稳定，变化是常态，不确定是必然。只有个人能力提升才是王道，个人成长才能更好地应对不确定性的未来。所以，企业是否有培训，行业是否有发展，岗位内容是否符合个人兴趣和价值观，都成了人们选择职业的考量依据。"物质驱动"不再有效，能够发挥个人价值，满足人们"意义、自我实现"的工作才有吸引力。

5. 行业的逐步优化和迭代

每一个行业几乎都经历了不被熟知、群雄逐鹿、军阀混战、巨头出现、规则规范出现，行业成熟这样的过程。许多今天规范的行业过去曾经非常混乱，许多今天热门的行业未来可能没落。比如，纸质传媒业曾经非常火爆，聚集了大量优秀人才，随着数字技术的发展，互联网技术的普及，出现了自媒体、数字媒体、网络媒体，撰稿人也从专业人士普及到热爱内容创作的普通人。还有今天很多新兴的产业，如新零售、物联网、网红直播等，带动了娱乐广告零售业的大洗牌。互联网公司正在颠覆很多行业，人工智能和大数据也让行业的变化越来越快速。

三、如何了解行业趋势

如何对行业有清晰、全面、比较深入地了解呢？我们给大家介绍六种方法：

1. 调研行业的头部企业

选定每个行业的头部企业，比如电子商务领域，可能是阿里巴巴；如果是线上教育行业，可能是新东方和学而思。找到头部企业后，关注该企业的官方网站信息、重要的媒体信息、企业的发展历史、关键发展节点、公司财报、主要业务发展情况，用户特点等。通过对一两个企业的研究，就能对整个行业有快速、大概的了解。

2. 阅读行业报告

行业报告一直以来是提供给专业人士参考的，随着信息的开放，我们能接触到的行业报告也越来越多。行业报告常常会对一些宏观经济数据、行业数据进行搜集、整理，资深的研究员会提出对行业发展的看法。少数研究报告还包括与上市公司相关负责人的交流记录以及调研报告，有很多的参考价值。

但是行业报告一般都比较长，有好几十页，而且枯燥，部分内容涉及专业内容，外行不容易看懂。如何能够快速有效地去阅读一份行业报告呢？可以抓三个关键点：(1)浏览目录大纲，选择阅读的重点。(2)通过笔记或思维导图记录关键数据和关键词。报告中的典型案例、典型人物、实验事例等可以帮我们很好地理解报告。(3)思考自己在行业中的位置。阅读报告的目的是让我们对行业有一个较为宏观的认识，了解现况和未来趋势。我们要找到自己在行业中的位置，才能更清楚自身现有的价值，看清向前发展的具体路径，更快地进入快速车道。

行业报告会帮助我们了解正在做或者想做自己的内容属于哪个垂直内容，并且这个内容是否排在前列，如何调整能够创造更大价值。思考并付诸行动，才会产生价值和效益。需要注意的是，研究报告只能是提供一种信息来源，不能替代自己的思考和决策。

3. 利用招聘网站

招聘网站以信息发布量大、成本低、不受空间时间的限制，受到越来越多求职者的青睐。如何利用招聘网站了解行业发展，提升个人竞争力呢？

(1)利用网站的行业搜索功能

职位搜索是招聘网站的主要功能，但是求职者也可以按“行业”作为标准进行搜索。比如计算机电子、金融保险、房地产、机械制造、媒体教育，通过一个行业的多个公司的招聘信息，可以了解这些行业的共性要求、薪资水平、工作内容等信息(见表 2-1)。

表 2-1　2020～2021 招聘网站十大品牌榜中榜

网站名称	创立时间	品牌发源地	网站电话	网站简介
前程无忧	1998 年	上海市	400-886-0051	国内具有广泛影响力的人力资源服务供应商，提供招聘猎头、培训测评、人事外包等专业人力资源服务
智联招聘	1994	北京市	010-58692828	凭借大数据和 AI 技术打造开放的人力资本生态，提供一站式专业人力资源服务

续表

网站名称	创立时间	品牌发源地	网站电话	网站简介
58 同城	2005	北京市	400-813-5858	知名的生活服务平台，提供招聘、房产、汽车、二手、本地生活服务、金融等业务服务
BOSS 直聘	2012 年	北京市	010-84150633	一款让牛人和未来 BOSS 直接线上开聊的方式找工作的应用，集人才供求信息收集、整理、储存、发布和咨询服务于一体的企业
猎聘	2006 年	北京市	400-621-2266	专门从事人才寻访的人力资源咨询服务机构，实现企业、猎头和职业经理人三方互动的职业发展平台
拉勾网	2013 年	北京市	400-628-2835	专注互联网职业机会的招聘网站，以众多优质互联网资源为依托，为求职者提供人性化、个性化、专业化的信息服务
招才猫直聘	2015 年	北京市		58 同城旗下专注企业商家招聘平台，简历库由 58 同城、赶集网双平台接入，覆盖餐饮、互联网、金融、零售等多个行业
赶集网 ganji	2005 年	北京市	400-818-0133	中国较大的分类信息门户网站，分类信息行业的创新者，2015 年赶集网与 58 同城合并但保持双方品牌独立
兼职猫	2013 年	广州市	4008-034-199	国内知名的互联网一站式兼职服务平台，围绕企业与个人需求，提供精准匹配的灵活用工服务
应届生求职网	2005 年	上海市	021-51716288	隶属前程无忧旗下，国内专门面向大学生及在校生的求职招聘网站

注：此次榜单（从 2020-07-07 起）共收集了招聘网站行业超过 80 个品牌信息及 30675 个网友的投票作为参考，发布的品牌榜单由 CNPP 大数据平台提供数据支持。参见《2020～2021 年招聘网站十大品牌排行榜》，https://www.maigoo.com/news/501120.html，2021 年 8 月 9 日。

(2)邮件订阅系统

招聘网站的邮件订阅功能还能帮助求职者节约更多时间。网站上的招聘信息每天都在更新,只要我们申请了邮件订阅职位的功能,就可以定期收到招聘网站上最新的招聘信息,进一步节约网上搜索的大量时间。

(3)培训充电信息

对于行业新人来说,学习行业需要的技能非常必要。正规的招聘网站一般都有为职场人士提供专门服务的"培训充电"频道,这些频道里一般能够找到当地权威培训机构的最新培训信息,还有名牌机构和课程的推荐,有时通过这些招聘网站参加培训课程还能获得不小的折扣,非常划算。

4. 参加同行论坛交流会

每个行业都有协会和协会的分会。了解行业协会的举办信息,选择正规部门组织的、专家水平高、有一定学术水平会议,带着问题去听报告,对自己了解行业发展有很好的促进作用。同时,可以利用网络和线上资源,关注行业论坛、参与热点话题讨论,提升自己与行业相关的话题思考能力和表达能力。

5. 精读行业相关书籍

读书是成本最低的获取信息的方式。选择几本经典的、多次出版的、热门的、行业大咖推荐的行业图书,必要的时候反复阅读,了解行业术语、行业发展历史、行业热点,都会让自己提升对行业的判断能力。

6. 访谈行业人士

面对面的访谈可以直接感受这个行业从业者的状态、想法。如果可以,选择入职 3～5 年的专业人士进行交流,能够更全面地了解行业信息。访谈之前,可以先列出问题提纲,做一些初步的功课,带着问题去交流,收获会更大。

如果你没有办法接触到行业内的大咖,也可以在网络上搜集相关的访谈、演讲视频,同样是获取行业信息的方式。

第三节　VUCA 时代选择职业

一、职业的含义

职业的含义是:参与社会分工,利用专门的知识和技能,为社会创造物质财富和精神财富,获取合理报酬作为物质生活来源,并满足自己精神需求。

职业的含义里面有三个关键点:一是"利用专门的知识和技能"。二是"为社会创造物质财富和精神财富"。三是"获取报酬,满足个人的物质和精神需要"。

职业的本质是交换,用我们的知识和技能换我们想要的物质和精神需要,如图2-1所示。左边是个人，我们有需求、提供能力；右边是组织，有岗位要求、对我们提供物质、精神回报。

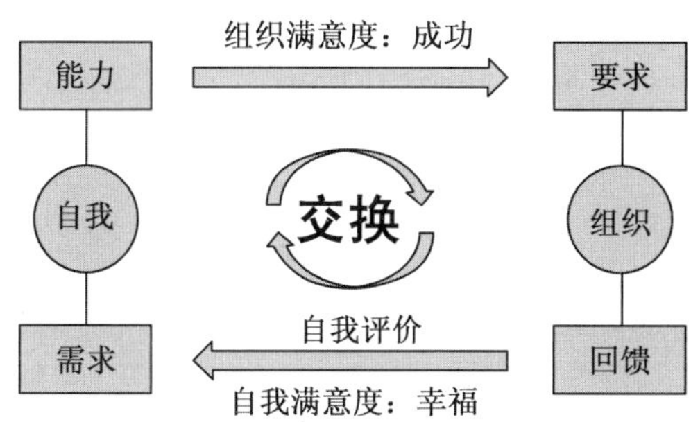

图2-1　职业发展CD模型（career development model）——古典

成功就是：我们的能力能够满足岗位的要求，达到了组织满意度。幸福是组织给我们提供的回馈可以满足我们的物质和精神要求，即职业满意度。想获得职业幸福必须清晰自己的需求，想获得职业成功要能够满足组织的要求。

因为社会需求多样，所以组织内部有不同的分工，这种分工就是我们从事的各种职业。

比如我想有一台电脑，这是一种社会需求，会引发一连串的行业和职业产生。首先要有原材料生产行业，有了原材料还要有零部件生产商把电脑生产出来。然后要进行线上销售和线下销售，线上销售需要有平台建设者，平台里有店铺运营人员。线下销售需要有店面装修，需要店铺管理人员。我们付款需要有金融支付系统。电脑从厂家的仓库运送到家里或者店铺里需要物流人员。各个品牌的电脑需要争夺消费者的注意力，还需要广告行业，现在还有网络直播行业。

你看，一个简单的需求，引发了一连串的行业链条以及分工协作，这就是职业的来源。我们想找一个职业，其实就是确定一个组织内部的分工。

二、职业的分类

我们国家在2017年出台了“国民经济行业分类与代码”的国家标准。这个标准里面规定了20个门类（行业）、97个大类、473个中类和1380个小类，也就是具体的职业和岗位有1000多个。国家的职业分类用数字编号表示（见表2-2）。97个行业大类的编号见书后附表1。

表 2-2 国民经济行业分类和代码(节选)

代码				类别名称	说明
门类	大类	中类	小类		
A				农、林、牧、渔业	本门类包括 01～05 大类
	01			农业	指对各种农作物的种植
		011		谷物种植	指以收获籽实为主的农作物的种植,包括稻谷、小麦、玉米等农作物的种植和作为饲料和工业原料的谷物的种植
			0111 0112 0113 0119	稻谷种植 小麦种植 玉米种植 其他谷物种植	
		012		豆类、油料和薯类种植	
			0121 0122 0123	豆类种植 油料种植 薯类种植	

社会需求随着时代的发展而变化,因此职业也相应地发生变化,新职业出现,旧职业消失是常态。2019～2021 年,人社部、国家市场监管总局和国家统计局,连续多次发布新职业的信息,具体见表 2-3。

表 2-3 2019～2021 年发布的新职业信息

序号	2019 年	2020 年	2021 年
01	人工智能工程技术人员	工业互联网工程技术人员	区块链工程技术人员
02	物联网工程技术人员	智能制造工程技术人员	城市管理网格员
03	大数据工程技术人员	虚拟现实工程技术人员	互联网营销师
04	云计算工程技术人员	连锁经营管理师	信息安全测试员
05	数字化管理师	供应链管理师	区块链应用操作员
06	建筑信息模型技术员	网约配送员	在线学习服务师
07	电子竞技运营师	人工智能训练师	社群健康助理员
08	电子竞技员	电气电子产品环保检测员	老年人能力评估师
09	无人机驾驶员	全媒体运营师	增材制造设备操作员
10	农业经理人	健康照护师	

续表

序号	2019 年	2020 年	2021 年
11	物联网安装调试员	呼吸治疗师	
12	工业机器人系统操作员	出生缺陷防控咨询师	
13	工业机器人系统运维员	康复辅助技术咨询师	
14		无人机装调检修工	
15		铁路综合维修工	
16		装配式建筑施工员	

三、职业挑战与选择依据

综观全世界的经济发展，不到一代人的时间里，成千上万人的工作性质已经发生了根本性变化。我国 20 世纪七八十年代，大多数人还是在从事体力劳动，少数人能坐在办公室里工作。但是在过去 40 年里，天平从工业化的体力劳动这种传统形式倾斜到了基于信息技术提供服务的工作上。过去，占主导地位的全球性企业多半来自制造业和石油行业，但今天的许多重点企业则来自通信、信息、娱乐、科学和技术领域。

牛津大学的一项研究发现，现在美国劳动力市场上 47%的工作，未来有被机械化取代的危险。意思是，现在所有的工作，有一半在未来都将由机器人完成，也就是有一半人会失业。这意味着，我们整个社会必须重启，给每个人创造出有意义的工作，而我们每个人都必须学习掌握新的技能。中国也面临着同样的问题：随着人工智能的发展和自动化的普及，越来越多的职业被机器人取代，甚至越来越多需要思考的工作也开始交由电脑完成。

那么，在 VUCA 时代应该如何选择职业方向呢？

除了关注内在需求（兴趣、性格、价值观等）之外，还需要从外部世界的需要考虑。我们建议同学们按照以下三个依据选择自己未来的职业方向：

依据 1：社会主义主要矛盾

1981 年，中国共产党在十一届六中全会上指出："我国社会的主要矛盾是人民日益增长的物质文化需要同落后的社会生产之间的矛盾。"随后改革开放的 40 年间，能够解决这个主要矛盾的人和公司，都获得了巨大的收益回报，比如我们的制造业、基础设施建设等行业。

但是 2017 年党的十九大报告强调，中国特色社会主义进入新时代，社会主要矛盾转化为人民日益增长的美好生活需要和不平衡不充分的发展之间的矛盾。

我们可以看到，近些年能够让人民生活变得美好、幸福的行业都获得了飞速的发展。比如电子商务、知识付费、心理咨询、健康保健、老年社区等，它们之所以能够快速发展，就是因为关注到社会主义主要矛盾。

依据 2：国家战略需求

2015 年国家下发了七大战略性新兴产业发展重点的报告，提出了要在节能环保、新一代信息技术、生物、高端装备制造、新材料、新能源、新能源汽车七个领域重点发展。这些行业在国家的重点支持下，相比于其他行业将会有更多的资源和发展速度。

依据 3：不可替代性

随着机器人、柔性制造和大数据人工智能的发展，越来越多的工作可以被技术替代，表 2-4 列出了“当下最容易被人工智能取代的职业”，从中可以发现，那些主要是体力和简单脑力的工作更容易失去就业机会，成为“高危职业”。在选择职业时，应当尽量选择需要复杂脑力劳动、涉及较多复杂问题、有持续成长机会和能力提升的职业。

表 2-4　受人工智能影响的十大“高危职业”和“低危职业”

高危职业	低危职业
电话销售员	职业理疗师
保险理赔师	内外科医生
出纳员	小学教师
信贷分析师	计算机系统分析师
簿记、会计和审计职员	生产制造一线主管
收银员	律师
秘书/行政文员	软件应用开发工程师
厨师	执业护士
服务员	保姆/儿童保育员
工业卡车和拖车操作员	理发师/美容师

案例

无法预知的职业道路

《让思维自由》一书中讲了这样一个故事。一位年轻人想在大学里选择古典文学专业，他的教授父亲和母亲都认为古典文学的就业前景不怎么乐观，不太支持。上完大一后教授的儿子说决定选个更有用的主修方向，夫妻俩都松了一口气，问儿子想学什么，儿子的答案却是哲学。虽然这位教授费尽心思向儿子表达了自己的观点：如今可没有哪家哲学企业在招聘，但他的儿子还是毅然决然地选修了若干门哲学课，而最终的专业则是艺术史。

大学毕业后，教授的儿子在国际拍卖行里找到了工作。他周游各地，过得很好。他喜欢自己的工作和生活。之所以能得到这份工作，是因为他通晓古代文化、受过哲学专业的训练，同时又热爱艺术。

在他刚刚开始大学学业时，不管是他本人还是他父母，都无法预见到这条职业道路。“生活不是一条直线”这个原则适用于每个人，也就是说，当你跟着自己内心的指路明灯前进时，就能创造真正的机会，遇见各式各样的人，获得各式各样的体验，创造不同的生活。我们此时此地的内心期待，深刻地影响着我们未来会成为什么样的人。教育并不会笔直地通往未来，它强调的是培养天赋和敏锐感受，只有通过它们，我们才能在当下过上最好的生活。①

总结与实践

1. 总结

本章介绍了VUCA时代的含义、特点和应对方法，对这个时代的行业发展特点进行了分析，同时介绍了如何了解行业信息，如何认识职业的本质，如何进行职业选择。希望本章的内容，能够帮助同学们打开关注外部世界的窗口，在生活中有意识地关注外部世界的信息、变化，将现实与自己的职业发展需求结合起来，早日确定自己的职业发展方向。

2. 实践

从国家标准《国民经济行业分类》中选择一两个感兴趣的行业和职业，搜集相关资料，回答以下问题：

(1)这个行业的最新进展或动态是什么，发展历史和趋势是什么？

(2)行业解决的主要社会问题是什么？

---

① 参见[英]肯·罗宾逊：《让思维自由》，闾佳译，浙江人民出版社2018年版，第42页。

(3)这个职业的主要工作内容是什么？服务的对象是谁？需要什么技能？

(4)该行业领域内有哪些明星人物？你是如何知道他们的？

(5)你还可以通过哪些渠道认识从事这个职业的人？

第三章 打造核心竞争力

我们曾经针对研究生同学作过一个对生涯发展认识的调研,其中一个问题是“你认为找到好工作的三个最重要因素是什么”。图 3-1 是所有答案的统计词云,可以看到同学们普遍都认为能力是未来理想就业的一个重要因素。所以这一章我们就来聊聊能力的话题。

图 3-1 同学们对“找到好工作的三个最重要因素”回答的统计词云

第一节 职场通用技能有哪些

一、能力的含义

能力是指完成一项目标或者任务所体现出来的综合素质。能力总是和人在一起的实践相联系,离开了具体实践,既不能表现人的能力,也不能发展人的能力。

有能力相关的词是“技能”,指运用已有的知识经验,通过练习而形成的一定的动作方式或智力活动方式，指掌握并能运用专门技术的能力，特指通过后天学习和练习而获得的能力。

从能力的定义里我们可以看到和能力相关的关键因素是“实践”。

能力是在实践当中产生的一种素质，所以实践是提升能力的必要因素。能力强的人通常实践的次数多，能在不断练习的过程中逐渐发展和提升了能力。

比如，我们说一个人的学习能力比较强，意味着这个人在学习这件事情上经过了很多实践的探索，有大量的练习和反思，有自己的经验，表现出来的就是他学东西可以又快又好。

再比如，有的同学说他在公众前的表达能力很弱。那多数情况下，我们可以推断这位同学公开表达自己思想和观点的实践比较少，缺少在许多人面前讲话的机会，练习次数少，所以表现出来的公众演讲和表达的能力就相对弱一些。

二、技能的分类

技能可以分为专业知识能力、通用能力和素质能力。其中，通用能力也称为可迁移技能。冰山模型可以帮助我们了解将这三个能力的关系和区别。

1. 专业知识能力

冰山模型中冰山最上面的是专业知识能力，指个体将所学的知识应用于职场岗位要求的能力(见图 3-2)。专业知识能力与我们的专业学习和工作内容直接相关，需要经过专门的学习和记忆。专业知识能力指使用专业工具的能力：比如财务人员根据财务报表作财务分析的技能，程序员使用 Java 语言编写代码的技能。一般用名词来表示一个人的专业，如法律、编程、大数据、外语、机械设计、财务、金融等。

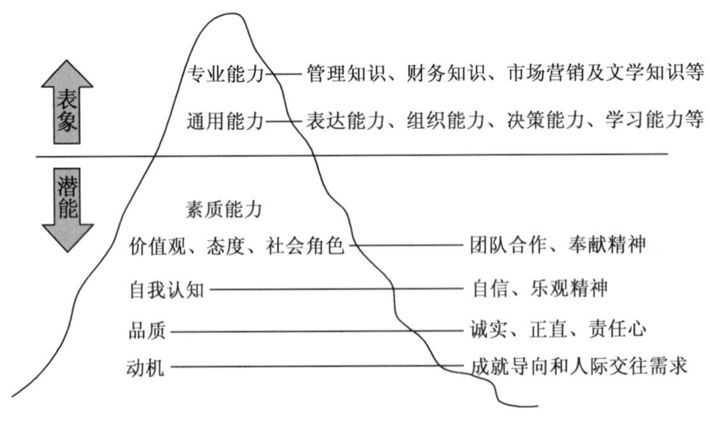

图 3-2　冰山模型

专业知识能力的特点是可以在学校中通过学习获得，比较容易考查和测试，适用于本专业领域的工作中，不同专业之间的专业能力可迁移性差。

2. 通用能力

冰山模型中专业能力的下方是通用能力，一般指的是综合能力，它包含生活的方方面面。通用能力既可以在工作内和工作外通用，也可以在不同的专业知识之间通用，比如写作能力、表达能力、决策能力、学习能力、演讲能力、沟通能力等。

通用能力的特点是大学里没有专门的专业设置，需要通过个体的自我学习、反思总结和提炼获得，习得之后可以在不同领域之间迁移。通用技能也可以通过培训获得，相比于专业技能来讲，不太容易通过简单的试卷进行测评。

美国托莱多大学研究了 32 个经常使用的通用能力，如表 3-1 所示。

表 3-1　32 项高频通用能力

人际沟通能力	语言交流能力	公共演讲能力	咨询能力
教练能力	培训辅导能力	监督能力	领导能力
说服能力	谈判能力	访谈能力	调停能力
客户服务能力	照顾他人能力	分析思维能力	批判性思维能力
计划能力	创造性思维能力	问题解决能力	组织能力
决策能力	高级写作能力	财务能力	研究能力
语言能力	高级电脑操作能力	工程能力	艺术能力
感性能力	适应能力	行政能力	机械操作能力

资料来源：Career Services. The University of Toledo Student Union.

通用能力学校通常不教，但是非常受到企业的关注。很多企业在招聘过程中，除了对专业能力看重之外，也非常看重通用能力。每年会有调研公司统计雇主们最希望学生具备的能力。

2020 年世界经济论坛发布了一份报告：《2020 未来就业报告》。① 报告对全美数百家大型企业进行了调研，询问他们希望招聘的学生所具备的 10 个最重要技能是什么。以下是雇主们认为学生应该具有的最重要的 10 个能力（按照重要性排序）：

（1）团队合作能力；

① 参见世界经济论坛：《2020 年未来就业报告》，https://tech.sina.com.cn/roll/2020-10-25/doc-iiznezxr7905500.shtml，2020 年 10 月 25 日。

(2)决策能力和解决问题的能力;

(3)能够与组织内部和外部的人进行口头交流;

(4)能够计划组织工作并确定优先次序;

(5)获得处理信息的能力;

(6)能够分析定量数据;

(7)与工作相关的技术知识;

(8)熟练使用计算机软件程序;

(9)能够创建和编辑书面报告;

(10)出售能力和影响他人的能力。

从这个榜单中我们可以看出,前五个能力都是通用能力,即软能力。其中"团队合作能力"被雇主们普遍认为是员工最重要的能力,为什么呢?该报告给出了答案:数据显示,管理者和员工花在合作工作上的时间,在过去20年中增长了50%以上。也就是说目前的工作有更多的是协作式的工作,需要员工之间或者部门之间合作完成。一个人就能完成的工作正在变得越来越少。

沟通需要成本,沟通有效意味着协作迅速,产品质量高、效果好、成本低。反之,沟通协作不畅,会使工作效率变低、产品质量变差,不利于产品在市场上竞争。

第三个能力"能够与组织内部和外部的人进行口头交流",说明企业看重沟通成本。美国的一项调查发现沟通不当在企业中是非常严峻的问题,最高可影响100名员工,平均造成每年42万美元的损失。在另一项研究中,400家拥有10万名以上员工的企业称公司每年因为沟通不当造成的平均损失为6240万美元。也就是说越大的公司因为沟通不当所导致的损失越大。

虽然雇主对协作能力的重视发生了巨大变化,但是他们发现学生在沟通技能方面并没有提升太多,这可能是我们在学校期间并没有投入太多精力去练习的结果。针对科学人员招聘的一项研究表明,大部分受访者都将协作能力列为首位(60%),其次是适应性(45%)和人际关系建设(41%)。

领英公司分析了数百万份招聘广告,试图找出雇主们在寻找什么样的人才。最终,他们发现软技能位居榜首,其中"沟通能力"以及"解决问题的能力"是公司最看重的能力。另一份澳大利亚的研究数据显示,过去3年(2018~2020年)的职业招聘广告当中,对"批判性思维能力"的需求比以往增长了158%。批判性思维和解决问题的能力,在未来的5年内重要性会继续提高。

自我管理方面的技能,比如主动学习、韧性、承受压力能力和灵活性等要求也都出现在《2020未来就业报告》中,这些能力在未来将会受到雇主更多的重视。

根据国际劳工组织的数据，自新冠肺炎疫情暴发以来，全球已有3.05亿份全职工作消失，但也有迹象表明一些市场中的招聘岗位正在增加。报告预计2025年8500万个岗位会因人类和机器劳动分工的改变而消失，但是也会产生多达9700万个更加适应全新的人机劳动分工的岗位。

技术的广泛采用意味着未来5年内各种岗位所需的技能将发生巨大的变化，而且技能差距将持续保持在一个较高的水平，对于那些继续做着本职工作的员工，到2025年将改变的核心技能所占比例为40%，而所有员工中有50%需要技能重塑。随着数字技术的进步，学习新技能变得越来越容易，人们可以花几个月的时间在线上学习一门新的技能，越来越多的公司也给员工提供在线学习的机会。自我学习、自我驱动的成长变得越来越重要。

在第二章"VUCA时代来了"中，我们讲过VUCA时代的特点是易变性、不确定性、复杂性和模糊性。行业变化变得越来越不可预测，影响因素更多，变化更多。专业和专业之间、行业和行业之间边界变得模糊不清晰，这就需要我们在掌握一项专业技能之后还要重视自己通用技能的提升。

3. 素质能力

很多专业相同、能力差不多的同学进入职场几年后，在发展速度和取得的成绩上却产生了巨大差距，是什么原因呢？

哈佛大学教授戴维·麦克利兰(David McClelland)认为，冰山在水面之上的部分(知识和技能)是基准性特征，是对胜任者基础素质的要求，但它不能把表现优异者与表现平平者准确区别开来。冰山在水面以下的部分可以统称为鉴别性特征，是区分优异者和平平者的关键因素，包括态度、价值观、社会角色、自我认知、品质、动机等，我们称它们为素质能力。

在冰山上部是知识和技能，它们是可以看得见的，相对较为表层的、外显的个人特征；而在冰山下部，自我概念、特质、动机则是个性中较为隐蔽、深层和中心的部分。这些内隐特征是决定人们行为表现的关键因素。

素质能力因为其隐蔽性，所以与知识和技能相比，难以客观测量和评价。素质能力与个体的教育、生长环境、经历和社会影响都有关，一旦形成便有较强的稳定性，不容易发生变化。通常，一个人应用素质能力是不知不觉和无意识的。所以，会在各个方面都体现出来。

一个责任心强的人，在工作中有责任心，往往也对家庭和朋友有责任心；一个人的价值观是积极主动，那么无论他从事什么职业，在何种岗位，遇到任何事情，他都会积极主动地克服困难、应对挑战。

尼采说，当一个人知道为什么而活，就能忍受生命中的任何苦难。也就是说，一个人有了明确的生活意义和价值观，他就会更有行动力和战斗力，也更愿意为自己的人生负责。对于企业来说，这样的人更少抱怨、更有韧性、更愿意和企业共同成长。

三、如何提升能力

表面的知识和技能是相对容易提高的，可以通过培训实现其发展；自我概念，如态度、价值观和心态等也可通过培训实现改变，但这种培训比对知识和技能的培训要困难；核心的动机和特质处于人格结构的最深处，难以对其进行培训和发展。

针对专业技能，我们可以通过在校学习，如参加课程学习、参加课题组会议、阅读专业书籍、阅读前沿文献、听专家讲座、参加专业研讨会等方式提高，还可以自主报名参加职业资格考试、参加培训，来提升自己的专业性。

针对通用技能，可以选择阶段性的、有侧重点的提升。比如说你当下非常希望提升自己的沟通能力，就可以在一段时间内学习和练习沟通能力。经过学习，你知道沟通能力的核心是“善于倾听”。你需要练习的就是在跟别人说话的时候尽量少说多听，每天拿出30分钟跟老师或者同学交流的时候，做到少说多听。除了听语言信息的显性信息，还要听语言信息之外的隐性信息：情绪、期待和需求是什么。针对你听到的信息，给对方反馈，确认你听到的是不是对方想表达的。这样一段时间之后，你的倾听能力就会提升，在别人看来你的沟通能力就非常强。通过聆听的练习，你就能更好地跟别人建立链接。

再比如，有的同学希望提升批判性思维能力。所谓的批判性思维，就是对一件事情的多方面的多角度的不同看法。《了不起的盖茨比》里说：“检验一流智力的标准就是看你能不能在头脑中同时存在两种相反的想法，还维持正常行事的能力。”[①]正如马克思主义的唯物辩证法提出任何事物都是对立统一的。我们可以通过在大脑中的自我辩论来提升批判性思维。你也可以去寻找和你观点不同的同学，看看他的论据是什么，是否合理，以此进行针对性练习。

我想强调的是，通用技能的提高最好是在提升专业技能的同时进行。比如我们在日常的学习和工作中可以有意识地加入有效沟通、清晰表达、批判性思维的训练，这样就可以借助我们的课题研究提升我们多方面的能力，达到高素质的人才要求。

---

① 转引自[美]弗·司各特·菲茨杰拉德：《崩溃》，黄昱宁、包慧怡译，上海译文出版社2011年版，第75页。

第二节　你的能力不止一个

一、能力三核概念

前面我们已经从冰山模型的角度介绍了能力的分类：专业能力、通用能力、素质能力。下面我们从另一个角度，即"能力三核"的角度来看看能力有哪些以及应该投入时间精力到哪种通用能力上。

能力三核是把能力由内到外的分成三个部分：知识、技能、才干（见图 3-3）。

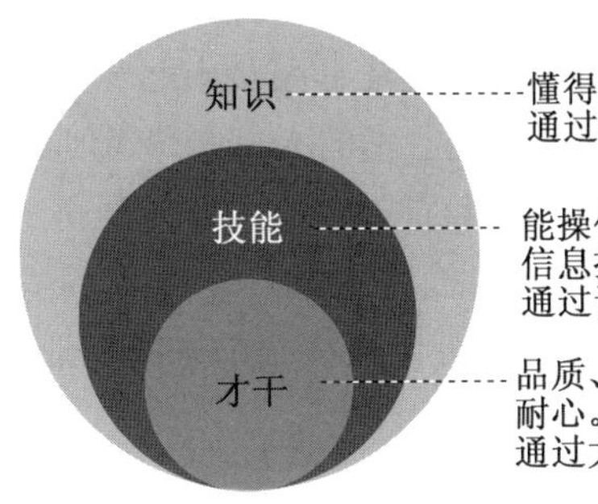

图 3-3　能力三核

"知识"就是领域内的专业知识、概念、做事情的流程，通过学习记忆而来。比如说我们学习的专业知识、做实验的流程等。

"技能"是指我们能熟练操作和完成的一系列动作，通过训练而来。比如说写作、演讲、编程、翻译、信息搜集、时间管理等。

"才干"是我们通过大量练习，内化到无意识使用的一些技能、品质和特质，是先天天赋和后天大量练习的混合。通过大量训练，将技能内化。比如说乐观、幽默感、负责任、耐心等。

你看，知识、技能和才干是不是跟我们前面提到的专业能力、通用能力、素质能力有所对应呢？下面我们从能力三核的角度来说说这三种能力的外部表现。

请你想象一下这个场景：实验做完了，你和导师面对同样的实验数据结果，需要进行数据整理和论文撰写的工作。最终你和导师各自完成了一篇学术论文，这两篇论文的质量会有所不同吗？会有什么不同？很可能老师的论文将会发表在高水平的学术期刊上，而你的论文发表在一般水平的期刊上。为什么同样的数据整理出来的论文质量差别很大呢？原因就是我们和导师在学术方面的能力三核不同：

知识核：专业领域的知识、专业词汇、各种理论模型以及相关公式等。

技能核：快速学习、快速阅读、结构化思考、写作能力，数据分析能力。

才干核：一流的洞察力、科学敏感性、热情等。

我们和导师的差距绝对不仅仅是知识的差距，重要的是技能和才干的差距。技能和才干的特点是非常容易在不同领域迁移，当一个科研工作者拥有了学术研究的技能和才干，他可以在相对短的时间内也成为新领域的高手。所以，做好科研课题，就是提升自己能力的最好方式。

在20世纪70年代，管理是个新兴领域，没有管理学专业，所有管理学大师都是其他领域的跨界者。日本最厉害的管理学专家大前研一，以前是核物理博士，他把研究能力和写论文的能力迁移到企业管理研究，很快成为大师级人才。

我们经常说“隔行如隔山”。其实真正相隔的，只是不同爬山起始位置。随着我们攀登的高度越来越高，会发现从山的四面爬上来的人都慢慢靠近到了一起，大家表现出来的素质和能力都是类似的。这就是俗话说的：一切努力都不会白费。万事万物在本质上都是相通的，只要你曾经在某一个领域努力练习过，你提升的技能和才干都不会白费，因为它们也可以迁移到未来的职业中。

二、迁移新技能

虽然通用技能有很多，也很有用，但是每个人时间有限，应该选择产出投入比最大的技能进行练习。如何找到自己最擅长的技能进行练习呢？可以问自己几个问题：

1. 我之前什么事情做得不错

(1)从前的学习和工作实践里面：哪些是比较成功的事(可以是小事)

比如高考和考研就是很多同学的成功事件。有的同学大学成绩并不太好，但是决定考研之后，制定了学习计划，严格执行，哪怕身边没有考研的环境，也能够一直坚持到最后。还有的同学，第一志愿没有达到复试线的时候不纠结、不放弃，积极查阅调剂信息，参加调剂的面试，最终成功“上岸”。这个过程其实就体现了你的学习能力、自我管理能力、做计划能力、执行能力、解决问题的能力，等等。

困难越大，条件越不利，反而取得了一些成绩(哪怕是跟别人同样的成绩)，更能够反映你的能力强。

再比如，导师让你去购买实验材料。看起来是一件简单的事，也可以发现自己的能力。如果你细致对比卖家报价，了解报价差异的原因，了解其优惠政策，买到性价比最好的材料，这是不是证明你有“信息搜集能力”“谈判能力”，以及“强烈的责任心”呢？

(2)我有没有把什么爱好、兴趣、小团体做到过极致

兴趣和爱好里埋藏着热情的种子,只要细心发掘,我们就会发现自己擅长和热爱的方向。

2.给自己的能力起一个大家能听懂的名字

自己哪一个能力突出?在前面能力分类的部分中我们给出了很多有关能力的名字,可以从中选择或者邀请朋友选择哪些能力是你比较强的,或者自己创造一个新的能力概念,告诉别人为什么你这一点比较强。

3.落地到一个新领域

当你去一个新公司面试,向别人介绍自己时,或者你在从事日常的学习和工作任务时,想想今天我还有什么能力可以被迁移过来。要找到新旧能力的关系,明白哪些能迁移,哪些不能迁移。

很多同学说我不喜欢科研,那你在生活中有没有一个事情做得非常好,这件事调用了你的什么能力呢?我们能不能把这个能力迁移到我们的学习和日常生活中呢?

所以根本上,我们的生活需要努力,游戏、兴趣也需要努力,只有这样,我们才能热爱生活、热爱学习,将来才能热爱工作。

第三节　从优势中找到竞争力

在我们的问卷当中,很多同学都提到"想了解自己的优势是什么"。本节我们就来聊一聊如何发现自己的优势。

一、优势的含义

国际著名的优势理论专家——马库斯·白金汉(Manus Bukingham)给优势作的定义是:优势是让你感到强大的东西,当你在一件事上有绩效,而且会重复使用,那么它就是你的核心优势。[①]

定义中表达了优势的三个关键点:提升能量、产出绩效、重复使用。

我们可以通过一个例子来理解优势的含义。比如说有的同学很容易跟陌生人轻松愉快地交流,哪怕之前不认识,也可以相谈甚欢,这是他们的优势。这个优势中,"提升能量"指的是这位同学认识到新朋友就会很开心,跟别人交流带给她更多的愉悦感和满足感;"产出绩效"指的是和她交流的人感觉到愉快,愿意跟她产生更多链接,建立朋友关系;"重复使用"是指这位同学如果参加一

---

① 参见[美]马库斯·白金汉:《现在,发现你的职业优势》,谢京秀译,中国青年出版社2011年版,第86页。

个聚会，她可能很喜欢主动打招呼认识新朋友，而不是只跟旧朋友聊天。她会不知不觉地建立起很多的链接，不知不觉地创造机会认识新朋友。

所以，如果你做一件事的时候心里感到非常开心，这件事很容易得到好的结果，而且会不知不觉地去做类似的事情，那这件事很可能就是你的核心优势。知识、技能和才干，都可以是优势。除此之外，一个人的外貌、年龄、家庭教育、拥有的资源、经济水平也都可以是优势。

二、优势理念

在《飞向成功》一书中，有一个很经典的故事①：

> 小兔子被送进了动物学校，它最喜欢跑步课，并且总是得第一。最不喜欢的是游泳课，他非常努力，但是成绩总是不理想，一上游泳课它就非常痛苦。但是兔爸爸和兔妈妈要求小兔子什么都学好，不允许它有所放弃，小兔子只好每天垂头丧气地到学校上学。老师问它是不是在为游泳太差而烦恼，小兔子点点头，盼望得到老师的帮助。老师说："你的跑步是强项，但是游泳是弱项，这样好了，你以后不用上跑步课了，可以专心练习游泳。"

上面这个故事的情况在我们传统教育中非常普遍：我们希望补齐短板，让自己各方面均衡发展。因为我们被告知"木桶的装水量取决于木桶的短板"。我们强调弥补缺点，纠正不足，并以此来定义"进步"。而事实上，当人们把精力和时间用于弥补缺点时，就无暇顾及增强和发挥优势了。更何况任何人的欠缺都比才干多得多，而且有的欠缺是无法弥补的。

对于优势的了解，最重要的不是含义而是理念。

优势的理念是：你需要在已经表现强的地方投入更多，让自己的长板足够长。对于短板应通过合作，让水桶实现最大容量。

国际调研机构盖洛普公司在研究中发现，尽管路径各异，但成功者都有一个共同点，并非"均衡发展"，而是"扬长避短"。

优势有四个最重要的理念：

1. 优势无高低

优势没有高低贵贱之分。一个人善于思考，另一个人善于执行；一个人看问题比较谨慎，另一个人看问题总是乐观；一个人喜欢表达和分享，另一个人喜欢聆听和吸收；有的人写作能力很强，有的人统筹能力很强。这些都是很好的优势，不存在一个优势比另一个优势更高级、更有用的情况。每一种优势都有

---

① 参见[美]康纳·克利夫顿等：《飞向成功》，陈真译，中国友谊出版公司1998年版，第1～5页。

其适用性,也有相应的弊端,没有一种优势是能够解决所有问题的。

我们的目的不是拥有优势,而是利用优势达成目标,过上想要的生活。所以,不要把注意力放在自己没有的事物上,而是要放在“如何实现目标”上面,借助合作,实现双赢,达成目标。

2.优势人人有

优势有很多种,我们每一个人身上都有各种各样的优势。甚至有专家提出,优势有400多种。如果你觉得自己没有优势,可能是你还没有发现它,也可能是你没有把自己具有的优势看成是优势。孔子说“三人行必有我师焉”,意思就是每个人身上都有独特的特长。

3.优势是需求

优势的一个要素是“重复使用”。为什么我们会重复的做类似的事情呢?因为内在需要。一个写作很厉害的人,通常是因为写作给他带来愉悦感和清晰的思考,所以他需要写作。有的同学行动很快速,执行能力很强,是因为他看到一件事情还没有完成,他就会很着急,觉得不舒服,直到事情做完,他才心安,所以快速完成是他的内在需求。

4.优势是资源

优势是资源,是杠杆。我们如果能够借助优势就可以更快更好地实现目标。就好像中国人习惯用筷子吃饭,如果换成是刀叉,可能就会因为不熟练而吃得慢。如果目的就是把饭吃完、吃好,那么用自己习惯的筷子就是明智的做法。做事情放弃自己的优势,刻意隐瞒和不利用,不但对做事没有好处,也无法满足内在需求。

三、优势理论

可能有些同学不同意我上面的理念,说:“我确实没有觉得我在哪一方面比别人好。感觉任何技能身边都有人比我强。”

我这里借助经济学当中的两个优势理论来给大家阐述如何认可自己的优势。

理论一:绝对优势理论

亚当·斯密[①]在《国富论》当中提出了“绝对优势理论”。讲的是各国在生产同样产品时,劳动生产力的绝对差异所导致的各国之间生产优势的不同,因此各国应该专门生产本国劳动生产率较高的产品。

比如全世界各个国家都在炼钢,有的国家炼钢的效率和质量比其他国家都高,那这个国家就应该更多的炼钢。有的国家棉花产量和质量是世界第一,这

---

① 亚当·斯密(Adam Smth, 1723～1790),英国经济学家、哲学家、作家。

个国家的主要产品就应该是棉花。

但问题是像我们人一样，一个国家不一定有它的绝对优势，可能有的国家的每一个产业都无法成为世界第一。那该怎么办？

理论二：相对优势理论

英国经济学家大卫·李嘉图[①]提出了“相对优势的概念”，也叫“比较优势理论”。他认为，每个国家应该根据“两利相权取其重，两弊相权取其轻”的原则，集中生产并出口具有比较优势的产品，进口具有比较劣势的产品。

假设师傅和徒弟两个人同时生产铅笔和橡皮。师傅的产出是一天可以生产 200 只铅笔或 200 只橡皮，徒弟的一天只能生产 100 只铅笔或 50 只橡皮。如果用绝对优势理论，徒弟无论生产什么都没有优势。而用相对优势理论，徒弟生产铅笔更有优势，师傅生产橡皮更有优势。因为师傅做橡皮的生产率是学生的 4 倍，而铅笔只是 2 倍。所以最后应该是在市场上师傅生产橡皮，学生生产铅笔。这个例子其实就是现在国际分工的一个原则。

我们中国有田忌赛马的故事(见图 3-4)，说的就是比较优势原理。田忌所代表的一方有上、中、下三匹马，每个层次的质量都劣于齐王的马。但是田忌用完全没有优势的下等马对齐王有完全优势的上等马，再用有相对比较优势的上等马和中等马，对付齐王的中等马和下等马，赢得了比赛。

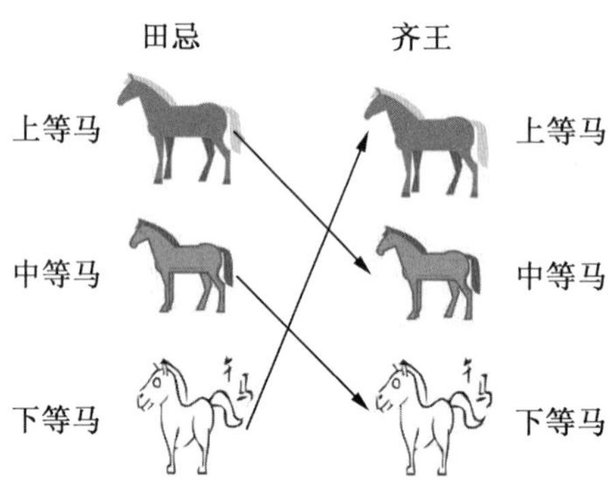

图 3-4　田忌赛马

从上面的例子中我们可以看到，在寻找优势和发掘优势的时候，更应该关注自己的相对优势。

“相对”有两方面的含义：一方面是与自己的比较而言，我们每个人都有很多技能，学了很多的知识也具有了一些技能，到底哪个技能应该作为我们的核

① 大卫·李嘉图(David Ricardo，1772～1823)，英国古典政治经济学代表，古典经济学理论完成者。

心竞争力？应该是所有的技能当中相对突出的那一个。另一方面跟别人比较而言，在无法完全胜出的情况下，可以选择跟一流差距不是很大的技能作为我们的优势，进行刻意的练习。

我们可以通过向内求、向外求和科学测评快速了解、发现自己的优势。

(1)向内求

向内求的意思是与自己对话，观察自己的行动、感受、做不同事情的结果和内在体验。可以用 SIGN 模型来进行日常事情的记录。SIGN 是四个单词的首字母组成的，意思是如果一件事情，我们能做到比较成功的结果(success)，做之前我们内心非常渴望(instinct)，为这件事，学习相关的技能时成长速度非常快(grow)，做的过程中有心流产生，能够满足我们内在的需求(needs)，那么这件事就是我们的优势。

我们可以借助表 3-2 的形式，记录并量化日常事情的 SIGN，得到直观的优势结果，那些达到 15 分以上的事情通常隐藏着我们的优势。

表 3-2　　SIGN 记录表

时间	事情	success（满分 5 分）	instinct（满分 5 分）	grow（满分 5 分）	needs（满分 5 分）	总分（满分 20 分）

(2)向外求

乔哈里窗(Johari Window)理论是 20 世纪 50 年代美国著名社会心理学家乔瑟夫·勒夫特(Joseph Luft)和哈里·英厄姆(Harry Ingham)创建的。哈里窗将所有的关系划分为四个区域：开放区、隐秘区、盲区、未知区，由个人或他人是否知道信息所决定的(见图 3-5)。①

开放区(open self)：个人和他人共享信息的区域。

隐秘区(hidden self)：只有自己知道而别人不知道的信息。

盲区(blind self)：别人知道但是我自己并不清楚的信息区域。

未知区(unknown self)：双方都不知道的有关自己的信息区域，也称为“潜能区”。

优势可能存在于任一区域。我们除了自我觉察外，还可以通过询问身边人对自己的评价，来获得更多的优势信息。你可以询问信赖的人“在你眼里，我是一个

① Joseph Luft, Harry Ingham, The Johari Window: a graphic model of interpersonal awareness, Proceeding of the Western Training Laboratory in Group Development, UCLA, 1955.

什么样的人，为什么呢”等问题，来更多地了解你在他人心目中的优势特质。

	自己知道	自己不知道
他人知道	开放区	盲区
他人不知道	隐秘区	未知区

图 3-5　乔哈里窗

（3）做测评

可以借助优势测评的量表来了解自己的优势。但是注意，测评只是概率的统计结果，仅起到参考作用，非绝对正确的知识。最好的优势探索还是体验和反思。

巴菲特说：“我每天跳着踢踏舞去上班。”①

如果能在工作中发挥优势，工作就不是苦役，而是享受，希望同学们也能在工作中发挥优势，享受你的工作。

总结与实践

1. 总结

本章介绍了职场各种能力的分类，以及未来职场中更加看重的能力，从能力三核的角度介绍了能力如何迁移，最后介绍了优势的含义、理念、误区以及如何发现自己的优势。

2. 实践

（1）找 5 位同学，跟他们分享一个你的成功经验，记录大家从这件事情中看到的你的核心能力。

（2）请你夸夸我。询问同学、朋友、老师、亲戚、父母、和其他对你重要的人，他们眼中的你是什么样子的，为什么？

① 转引自[美]卡萝尔・卢米斯：《跳着踢踏舞去上班》，张敏译，北京联合出版公司 2017 年版，第 166 页。

第四章　让你的简历脱颖而出

A 同学在小学喜欢讲故事，初中擅长讲相声，高中的时候当过主持人，本科及研究生阶段均兼职做培训，请问这位同学在求职的时候适合什么样的岗位？

答案似乎显而易见，他比较适合从事语言类、和嘴皮子打交道的工作。

B 同学非常热爱物理，高中时候他的物理经常能够考到满分，一心想报考物理系，并且在物理方向一直钻研下去。请问即将研究生毕业的他适合做什么？

答案也很明显，他比较适合走物理这条专业路径。

C 同学非常地爱吃，是一个业余美食家，厨艺也非常高，尝一口就能做出来相应的菜肴，那么这个同学适合做什么呢？

他适合从事和美食相关的工作，比如美食博主、美食品鉴家之类的职业。

D 同学的关键词有很多，比如擅长写作，喜欢主持，物理也很好，还是个麦霸，厨艺也不错，那么请问他适合做什么？

他似乎什么都擅长，但是好像又找不到他的特点和核心竞争力。

作为 D 同学，应该如何写出清晰的简历，才能让人印象深刻，顺利的求职成功呢？如果你有和 D 同学同样的困惑，一起来学习这一章吧。

第一节　好的简历有哪些特点

综合上述几个案例，我们可以发现：什么都适合，就意味着什么都不适合。如果说同学们在大学阶段以及研究生阶段的学习过程中是在取长补短，不停地提高综合能力，补齐自己的那个短板，那么在就业和求职的过程当中，同学们一定要扬长避短，找到自己最特别的那一点，清晰地表达出自己的核心竞争力。

需要在简历中体现出来自己适合做什么、想做什么，聚焦职业特点。“聚焦”非常重要，没有聚焦就会出现什么都好，但是又什么都不是特别好的情况。

一、常见误区

同学们在简历投递过程中通常有以下误区：

1. 一份简历走天下

众所周知，同样一个人，在不同的场合，应该穿不一样的衣服。在运动场上，需要穿运动服；在职场上，需要穿正装；在晚宴上，需要穿晚礼服……既然每一个人在不同的场合都会有符合当下环境的衣服，那么我们在写简历的时候也是这样，要针对不同的单位、不同的岗位，设计相应的简历。那种一份简历走天下的做法是行不通的。

比如想应聘人力资源管理相关岗位，需要展示人力资源管理所具备的素质；拟应聘销售岗位，需要把个人履历当中和销售有关的信息凸显出来；应聘其他岗位也是一样，你需要针对不同的岗位展现自己不同的侧面。每个人至少应该有 2～3 份简历，就如同在不同的场合穿不同的衣服。

2. 将简历视为个人的所有经历

有些同学会在简历上写出个人的所有经历。这就容易带来几个问题：

一是页数上：有很多同学非常优秀，获得的奖项非常多，实习经历也非常丰富。比如同学 A 非常优秀，简历做了三四页。虽然该同学自我感觉良好，但是实际上这种简历 HR 并不青睐。因为 HR 可能同时面对数百个求职者的简历，筛选时间有限，一份重点不突出、冗长的简历往往是无法脱颖而出的。

所以，为了让 HR 在不麻烦的情况下看到你的闪光点，并且对你产生兴趣，简历需要重点明确，言简意赅，优势突出。

二是内容上：常见的误区是简历按照时间顺序罗列事件。比如研一、研二、研三分别做了什么，或者是每一年做了什么事，这种写法重点不突出，与岗位相关性小，不容易让人一眼看到重点。

求职者一定要让自己的每段经历、简历上的每个字、每个板块都产生意义，都聚焦其想表达的点。所以内容上不应只是单纯按照时间顺序的罗列。正确的处理方式是，不管个人经历多么丰富、多么优秀、获得过多少荣誉，通常来说，简历应该都是一页。如果简历不够丰满，那就需要让自己的简历丰满起来；如果简历非常丰满，一页写不完，那么就需要给简历瘦身，使其达到一页能装下的标准。其次还需要在内容上进行加工，最好让 HR 不需要经过任何思考，通过简历中的文字描述就能看到求职者的能力、特长，以及与岗位的匹配程度。

二、简历相关常识解读

1. 形式和内容同样重要

有统计数据显示，HR平均7.4秒看完一份简历，所以求职者如何在7.4秒中抓住HR的吸引力，使其在一两百份简历当中，能够顺利地对自己的简历产生兴趣，让自己的简历被留下来、被多看几眼就十分重要了。所以此时简历的形式和内容同样重要。

从形式上来说，如果简历第一页中间位置最突出的字写的是“个人简历”4个字，或者是“简历”2个字，那HR很有可能看了很久，觉得简历内容不错，但是他还需要再仔细找这个同学的姓名，这就无形中在浪费HR的时间，所以求职者可以直接用姓名作标题，比如：张三、李四……这样，HR一看就能知道这是谁的简历，非常清晰。

能让HR不需要额外搜寻信息就能最快地了解到你的基本信息和经历，就很容易取胜。此外，一定要确保简历中的每一个字都是有效的，所以就需要过滤无效信息。比如说有些同学会写“汉族”“2000年出生”等，这都不是必要信息，因为绝大部分毕业生在哪一年前后出生都是固定的。诸如此类情况还有很多，所以在这个过程当中，无论是你的形式美观，让人看起来不费劲；还是你的内容在很短的时间内，让HR觉得和这个岗位相匹配都会是让你的简历脱颖而出的法宝。

2. 客观性表达优于主观性表达

什么是客观性表达？举个例子：如果求职者想体现其创造性强，他就可以写“曾参加过……创业/创新竞赛，取得过……的成绩”；如果求职者想体现其学习成绩好，他就可以写“平均学分绩点90分……”以上描述均属于客观性表达，像这样用实例或数据直接描述，要比“我创造性强、我成绩好……”这类泛化的描述有更强的说服力，效果也更好。

3. 经历描述善用“STAR”模型

“STAR”模型是四个英文单词首字母缩写：situation（状况）、task（任务）、action（行动）和result（结果），指的是我们在描述一段经历的时候，首先要说明我们是面临什么样的一个环境；其次指出我们是面临什么样的任务（挑战）；然后说明我做出了哪些行动，具体是怎么应对的；最后再说明事件的结果。这样的表达就会让一个项目鲜活丰满起来，能突出这段经历的深层意义。

在用STAR模型进行经历描述的过程中，同学们首先需要提取出这段经历（比如一段实习经历）的关键词、行为词、客观性的数字数据、反馈和成就（或结果）。而不能只简单地说，“我收获了……能力”，因为这类泛泛化的描述都是主观性的，没有体现客观性的数字性的结果，所以并不直观，经历并不立体。

如果我们用STAR模型来描述，HR就能一目了然地知道应聘者的实习经历以及其做了什么、学了什么、收获了什么，并且能够很好地和应聘的岗位产生链接。

第二节 简历制作的注意事项

一、岗位分析

在提笔撰写简历时，不能漫无目的，思路过于跳脱，而一定要做到有针对性、有聚焦，做到有的放矢。所以，即便已经准备了2～3份简历，在投递简历的时候，还是要根据不同行业、不同企业、不同职位进行分析对应，这样才能保证简历有一定的针对性。那么在分析对应的过程当中，就务必要对岗位的招聘需求进行分析。

行政助理

岗位职责：

1. 接待客户来访，负责会议的召集和组织工作；
2. 负责一般文件的起草；
3. 负责公司档案管理、借阅及归档；
4. 负责各地政府关系维护等。

岗位要求：

1. 2021年应届统招本科毕业生；
2. 管理类、政治学和新闻传播等相关专业；
3. 具有很强的人际沟通、协调能力、团队意识；
4. 能够快速适应工作环境，抗压能力强；
5. 能适应出差；
6. 优秀学生干部优先。

图4-1 某公司招聘行政助理的岗位职责及要求

图4-1中行政助理的岗位职责有：接待客户来访、负责会议的召集和组织、负责文件的起草和公司档案整理以及维护政府关系等。了解了这个岗位的职责后，同学们需要做什么呢？

首先，应区分显性需求和隐性需求。显性需求是指招聘启事当中明确列出的需求，比如接待客户来访等等。隐性需求就是指HR没有明确表达的需求，比如与“接待客户来访”相关的岗位，通常需要形象气质佳，有一定的接待经验，口才好，善于沟通。如果应聘者的形象气质、口才和沟通能力都不是那么好，那可能该应聘者就不太适合行政助理这个岗位。

其次，同学们需要作一个匹配。要对自己的相关经历和事实与这个岗位需求之间进行一个匹配，比如想体现与“能做好接待工作”相关的要素：形象气质佳，应聘者可以写出其在读研期间在礼仪协会工作过、担任过老师助理、在大型活动中负责过接待任务等。如果这一系列经历和事实在简历当中有效体现出来，就容易让 HR 印象深刻，进而从众多简历中脱颖而出。

分析完成后，最后就是动笔写简历了。

二、简历撰写

撰写简历时，要着重注意几个要点：

1. 黄金位置要利用好

黄金位置需要突出重要的信息，必选项有：姓名、联系方式；可选项有：政治面貌、籍贯。之所以列为可选项，是因为它们有可能成为部分公司 HR 参考的因素。比如想应聘国企，如果是党员，应聘者可以把政治面貌写上；如想应聘某大型公司，而该公司在某个区域有分公司，而你的籍贯恰好和其中一个分公司吻合，也可以写上这些信息，因为这些信息有可能会为你的求职加分。

简历上的联系方式是非常重要的信息，在填写手机号码时，号码中间一定要有短线“-”，比如 137-0000-1234，因为这样比一串电话号码看起来更加清晰。电子邮箱地址(Email)也是一样的道理，不要使用“happy boy”“little girl”等不职业、不专业的用户名，当然也不建议用 QQ 号码，因为数字较多，容易看错。可以直接用姓名全拼或者姓名首字母等，简单明了。

总之，主要原则是简历要尽量让 HR 省时、省力、清晰高效而全面地了解应聘者的个人信息。

2. 不要有较多无用的信息

什么是无用的信息？比如有些同学会写民族、健康状况、家人情况等，这一系列的信息基本都属于无用信息，要尽量减少。因为“民族”一般情况下不会影响求职。于健康状况而言，绝大部分都是良好，基本不会有人写不良。关于家人情况，HR 一般也不会在意，所以简历中也不用写。

3. 注重简历的诚实度

诚实度表达要求我们要少用主观性的词，比如小 A 同学英语水平是四级，但是他在后面写了具备熟练的听说读写译能力。“熟练的听说读写译”就是主观性表达。实际上，英语四级与熟练的听说读写译能力有很大差距。我们可以替换成客观性表达，可以用一些具体的分数去表达英语能力，比如英语六级 600 分、托福 110 分等。

把这些客观性表达呈现到简历上，就比写“熟练的听说读写译”要好很多。可能有同学会比较疑惑，如果英语没那么好怎么办。如果没那么好，并不出彩就可以不写。简历不是要求面面俱到，而是需要扬长避短，努力把自己的长处展现出来。

4. 采取程序式的版面

少用一些长句，多用一些短句；尽量采取计算机程序式的版面，而不是文章式的版面；少用一些主观性的表达，多用一些数字性的表达，不要用大段的描述而让 HR 提取不了一些具体的信息。同学们在具体信息的写作当中，也要学会用 STAR 法则。

5. 版面布局科学美观

一定要进行逻辑分类，而不是简单地罗列，这一点在获奖信息部分尤为重要。同学们需要注意的是，获奖信息和学校的职务并不是用人单位关注的，HR 关注的更多的是实习实践经历。如果要写获奖信息，也要进行逻辑重组，同时获奖信息当中，相对性优于绝对性。

【证书/荣誉】

学术类：国家励志奖学金(前 10%)，校优秀学生奖学金(4 次)

实践类：本科生科研训练计划校二等奖，暑期社会实践院二等奖，寒假社会实践院三等奖等

综合类：外文短剧大赛校一等奖，诗歌大赛校二等奖，调查问卷设计大赛校二等奖，微简历大赛校二等奖等

获奖及荣誉

综合类：省级优秀毕业生；校级三好学生；
校级优秀团员；优秀就业实践委员。

文体类：校级校园微信原创大赛一等奖；
校级“百老汇”外文短剧大赛一等奖；
校级德语朗诵大赛一等奖；
校级未来企业精英赛选拔优秀奖；
院级模拟面试大赛三等奖；
院级励志征文大赛二等奖；
院级心理情景剧大赛二等奖。

学术类：全国大学生英语竞赛二等奖；
校级优秀学生一等、二等奖学金；
校级科研立项二等奖。

实践类：山东省大中专学生志愿者“三下乡”省级优秀学生；
暑期社会实践校级优秀个人(担任队长)
校级优秀志愿服务个人(1/60)
寒假个人社会实践院级一等奖(3 次)。

图 4-2 某同学个人简历(部分)

如图 4-2，如果能把获奖信息逻辑归类，比如学术类、实践类、综合类……这样 HR 就能一目了然地看到这个同学文体、学习、综合方面都有不错的成绩了。至于获奖 10 次还是 3 次，其实没那么重要，只要有获奖，就表明应聘者有了相关领域基本的能力和素养。此外，这个同学在获奖中标明了相对值，比如国家励志奖学金前 10%，校优秀奖学金 4 次，校级志愿服务个人在 60 人中排名第

一……这样就突出了奖项的含金量。如果只是简单地罗列获得过了什么奖，HR 可能不知道奖项的分量，其意义是不一样的。

6. 客观性表达优于主观性表达

要多用"冷冰冰的"数字化的描述，少用过于"激情澎湃的"主观性表达。比如关于自我评价部分，很多同学都是千篇一律的主观性表达，比如"组织协调能力强""团结合作能力强""沟通能力强"等等，这些都是主观性描述。那如何把它变成客观性的表达呢？比如你可以写在当教辅老师时每日辅导 3 小时，10 天内成功教会学生超过 1000 个单词等具体事例。要记住，客观性描述优于主观性描述。

三、简历中常见板块

1. 教育背景

教育背景一般是要从最近阶段的开始，先写博士，再写硕士、本科，如果有交流或双学位经历的，也要一并写上。在教育背景当中，不建议大家把课程全部都罗列上，因为会太占据简历的黄金位置。同时，绝大部分专业教什么课程，其实 HR 还是比较了解的，大可不必赘述。另外，如果应聘者的 GPA 比较高、学术成果突出，也是可以体现在简历中的。

2. 实习实践经历

实习实践经历部分要学会用 STAR 模型。比如图 4-3 某同学的实习经历中，S、T 是具体负责的工作内容，A 和 R 是做了什么和取得的效果，全部是数字化表达，很清晰、很专业。

实习经历

2018.03—2018.09　应届生求职网　市场部　市场推广专员　上海

- (S\T)负责网站与目标高校、企业的合作推广计划的实施。
- (A)对全国约 400 家重点高校就业网进行调研，确定 200 多所目标院系就业办老师名单，并负责与这 200 多所目标院校就业处老师联系沟通及访谈，保持 2～3 次后续跟踪，完善网站制订的高校合作计划文案。
- (R)通过电话访谈方式对 700 多家企业进行招聘规模、渠道及目标生源等校园招聘需求调研，撰写长达 50000 字的调研报告，并根据调查结果对企业有针对性地推介网站服务项目，最终与近 625 家目标企业达成合作意向。

图 4-3　某同学简历中的实习经历

3. 奖励情况(荣誉)

奖项一定要进行逻辑重组,比如可按照国家级、省级、校级排列,或是按照学术型、实践型、文体型等排列,大家可以结合自己的情况发挥。当然,这是奖项比较多的情况,如果奖项比较少,也可以不采用这种方式,而是着重强调某几个。此外,要学会用相对值替代绝对值。总之,务必要区分奖励的级别、范围、效度,杜绝简单罗列。

4. 简历的其他部分

简历的职业技能版块,比如英语、计算机等其他专业技能,可以直接写入,这些都极可能成为加分项。那么兴趣爱好和自我评价部分需不需要写就需要根据应聘者的情况分析。兴趣爱好和自我评价都是比较主观的,有可能写了会对你的简历和求职有用,也有可能与你的求职没有关系,所以大家需要结合不同的行业、不同的企业、不同的职业进行一个区分。即便要写兴趣爱好和自我评价,也是不建议仅仅主观性地写“组织协调能力强,沟通能力强,团结协作能力强……”这种毫无信息量的话,在相应的主观性表达之后,应附上科学的、可视化的、数字化的客观性表达。如果简历的内容非常多,那么这两项内容可以不写。如果简历内容不够丰满,在大学和研究生期间,没有太多的实习、实践、获奖、任职经历等,那么为了丰满你的简历,你可以把兴趣爱好和自我评价加上。

根据不同的行业、不同的职业,求职者也可以有一些不同的选择。如果求职意向单位是在一些国企或者传统行业,那 HR 可能更喜欢比较板正的样式;但如果求职意向单位是一些互联网行业或者非常活泼的、朝阳的、年轻人比较多、需要更多的创造力的行业和企业当中,那么可能你的简历就可以有其他的表达方式,但这类表达方式往往比较小众化,需要做好筛选。

值得强调的是:不管采取什么样的外在形式的表达,它的内里都是一样的,一定要聚焦你的“职业品牌”。

总结与实践

1. 总结

本章介绍了简历的常见误区、撰写方法、注意事项:简历不应是不经加工地简单罗列所有经历,需要加工、重组和有所取舍。此外三个常识:形式和内容同样重要,数字性表达优于主观性表达,在每一个项目经历当中要学会采取 STAR 模型进行具体描述。

2.实践

(1)制作两份简历。要求:选择两个不同的目标岗位,结合自身经历,有针对性地写出自己的闪光点。

(2)找几个好朋友组成HR小组。把大家制作的简历打乱顺序,选出公认最好的简历,分别说明简历好在哪里,有哪些地方吸引人。

第五章　充分准备　赢在面试

我国是世界上最早建立考试制度的国家,《周礼·地官·乡大夫》上有记载,西周时即“三年则大比,考其德行道艺,而兴贤者、能者”。

面试的源头可以追溯到公元前21世纪,当时尧运用面试的形式对舜的德才进行考查,这实际上就是一种模拟测评。汉代曾称面试为“接问”,隋唐时将策问的形式普遍应用于科举。19世纪中后期,西方国家借鉴中国的考试制度,对面试加以完善。

我国古代有很多有名的关于面试的例子,比如周文王对姜子牙的面试;公元前7世纪,齐桓公对管仲的面试;宋太祖对寇准的面试以及朱元璋对解缙的面试等。

面试并不是新兴事物,实际上这种选拔方式已经存在了很多很多年,人们对面试的探索也持续了很久。随着时间的推移,面试也在不断发展:面试的形式逐渐丰富,并且结构化面试越来越成为面试的主流;面试考官越来越专业,在面试中的提问更具弹性化;面试测评的内容不断扩展,面试的理论和方法也在不断发展。

广大研究生毕业生要想在激烈的岗位竞争中脱颖而出,绝不可忽略面试这一重要环节,掌握一定的面试知识和技能是非常必要的。

第一节　了解面试的类型与流程

一、面试概述

面试是测查和评价人员能力素质的一种考试活动。具体地说,面试是一种经过组织者精心设计,在特定场景下,以考官对考生的面对面交谈与观察为主要手段，由表及里测评考生的知识、能力、经验等有关素质的一种考试活动。相关工作人员通过面试可以初步判断应聘者是否可以融入自己的团队。

面试给公司和应聘者提供了双向交流的机会，能使公司和应聘者之间相互了解，从而双方都可更准确作出聘用与否、受聘与否的决定。

二、面试考察的内容

面试可以考察应聘者具备的基本素质、具备的相关能力以及应聘者与应聘职位的匹配度。

在基本素质维度，仪表举止、道德品行、求职动机、自我控制能力与情绪稳定性以及工作态度都是非常重要的方面。

在基本能力维度，口头表达能力、综合分析能力、思考判断能力、反应能力与应变能力、学习能力、人际沟通能力、实践操作能力、职位需要的特殊能力等也是 HR 非常看重的方面。

在应聘者和所应聘职位的匹配度维度，求职者的个性特征、专业知识以及实践经验是 HR 一定会考虑的因素。

面试是对求职者综合素质的大考察，求职者在面试中的表现会有意无意传达给 HR 很多信息，这些都是他们考量的重要因素。人们常说，面试就是“口语版”的简历。

三、面试的分类

依照不同的分类体系，面试分为许多类别。

1. 按面试的标准化程度来分类：有结构化面试、半结构化面试以及非结构化面试

结构化面试的面试题目、面试实施程序、面试评价、考官构成等方面都有统一明确的规范。

半结构化面试的部分因素有统一要求，比如有统一的程序和评价标准，但面试题目可以根据面试对象而随意变化。

非结构化面试是对与面试有关的因素不作任何限定的面试，也就是通常说的没有任何规范的随意性的面试。

2. 按面试实施的方式来分类：有一对一、多对一、一对多以及多对多

一对一和多对一方式的优点都是应聘者能有更多的时间和机会，面试能进行得比较深入。但是一对一的缺点是比较耗时间，评价角度比较单一，多对一的缺点也是比较耗时间，同时应聘者的压力会比较大。

一对多的方式效率比较高，便于在不同的应聘者之间比较，但是存在评价

角度单一、应聘者相互影响的缺点。

多对多方式的效率会比较高，但是也会有应聘者间相互影响以及带给应聘者较大压力的缺点。

3. 按面试的进程来分类：有一次性面试和分阶段面试

分阶段面试一般分初试、复试两个阶段。

在分阶段面试中，初试一般是人事或招聘经理进行面试，主要是对应聘者的综合素质进行把关，看是否与公司的企业文化合拍。

复试往往是用人部门负责人进行面试，主要是考察应聘者的专业知识、专业技能，这个专业技能通常也包含实践经验、管理能力等。

4. 按面试题目的内容来分类：有经验性面试和情景性面试

经验性面试主要是提问一些应聘者过去的工作经验的相关问题。

情景性面试的面试题目主要是一些情景性的问题，也就是给定一个情景，看应聘者在特定的情景中是如何反应的。

比如，面试官会讲述一些关于公司的信息，同时提出一个公司面临的问题或者所处的两难困境。当然这个情景可以仅仅是口头上的表达，也可以是书面形式的。公司和事件可以是真实的事例，也可以是虚构的。面试者需要根据该情境性问题给出一些答案或者建议。

四、常见的面试类型

1. 电话面试

面试人员通过电话来对应聘者进行提问的面试，一般发生在笔试之后、面对面的面试之前，针对某些特定问题作进一步了解。

2. 视频面试

面试人员与求职者利用连通了互联网的电脑，通过视频摄像头和耳麦，运用语音、视频、文字等形式的即时沟通交流进行招聘面试。

3. 结构化面试

面试人员通过设计面试所涉及的内容、试题、评分标准、评分方法、分数等标准对面试者进行系统的结构化的面试。

4. 无领导小组面试

这是一种测评技术，它采用情景模拟的方式对考生进行集体面试。它通过给一组应聘者一个与工作相关的问题，让应聘者们进行一定时间的讨论。在这个过程中，多个应聘者需要合作完成某个项目，这个过程有可能是真实商业环境下的有见地的案例讨论，也可能是集体游戏。

5. 情景模拟面试

面试人员设置一定的模拟场景，要求被应聘者扮演某一角色并进入角色情景中，去处理各种事务及各种问题和矛盾。

五、面试前的准备

要想拥有较佳的面试结果，求职者在面试前需要进行充分的准备。

第一，硬性条件，长期准备。长期准备包含基础知识、专业知识、职业素养、职业规划等，这些也是研究生同学们在上学阶段的最主要任务。

第二，准备面试的着装，做“精致”的求职者。

第三，了解公司及招聘职位的行业状况。只有对行业足够了解，才能做到知己知彼，百战不殆。

第四，复习职位要求的相关专业知识。在面试前，一定要再对自己已经掌握的硬技能进行针对性回顾，确保不失误。

第五，准备面试问题及面试英语。其实每一位应聘者在参与面试前都可以预见到可能被问到的一些问题，所以提前准备好这些问题非常必要。关于面试英语，现在越来越多的用工单位注重国际化，对外语的要求也越来越高，所以在面试前还是要进行一定的准备的。

第六，熟悉常用的面试技巧。面试是综合能力的考察，面试技巧的掌握也是十分必要的。

第七，心理准备。在面试中，应聘者的心态会在一定程度上影响其面试表现和实力发挥。练就平和的心态，尽量做到波澜不惊，才更易于在面试考核中脱颖而出。

六、面试的穿着和举止礼仪

第一印象形成时间很短，只有 30 秒，求职者能否很好地把握住这 30 秒即成为面试成功与否的重要影响因素。

影响人第一印象形成的因素中，外貌与着装占比约 50%，语气和声音占比约 40%，言谈和举止占比约 10%。可以发现，外貌与着装占比最大，影响最直接。

语气与声音，比如音调、语气、语速、节奏等都将影响别人对一个人第一印象的形成。言谈举止是一个人精神面貌的体现，一个人的站、坐、走等姿势都应贯彻横平竖直的原则，这样看上去才有自信，才会给人以良好的印象。

面试的穿着和举止礼仪在面试中非常重要，需要注意的是，穿着打扮一切都是为了配合求职者的身份。面试时，合乎自身形象的着装会给人以干净利落、有专业精神的印象，男生应显得干练大方，女生应显得庄重俏丽。绝对不能在面试时穿夸张的 T 恤、牛仔裤、运动鞋，显得一副随便的样子。

最好着正装，穿皮鞋或高度适当的高跟鞋。化淡妆，发型、指甲、配饰都不要太夸张，口气要清新，男生的胡子一定要打理整洁。表情要适度，目光坚定但不要锋利，时刻注意微笑。

行为举止方面要大方得体。行走时要抬头挺胸，进入房间前先敲门，记得鞠躬问候，手势要自然，不要有过多无用的小动作。

另外，嗓音可以看出一个人是否紧张、是否自信等信息。求职者在平时应多练习演讲、交谈的技巧，控制说话的语速，不要尖声尖气、声细无力，应保持音调平静、音量适中、回答简练。不带“嗯”“这个”等无关紧要的习惯语，因为这些都会显示出面试者在自我表达方面不专业。

七、自我介绍的技巧

无论是什么形式的面试，自我介绍往往都是很重要的。在自我介绍时，首先要报出自己的姓名和身份，让对方认识你。其次要简单介绍一下学历、工作经历等个人基本情况。最后要结合职业理想说明应聘这个职位的原因。这样的自我介绍才是比较完整的，有求职者往往会因为紧张而忘掉其中的某个部分，造成表述的不完整。

下面介绍一个自我介绍的“汉堡模式”。“汉堡”就是两片面包夹几片菜和肉：第一片面包指个人基本信息，比如“各位老师好，我叫×××，为××学校毕业的硕士研究生”等；最后一块面包可以是赞美单位，比如“据我了解，贵单位是行业龙头，尤其是在人才培养上……”中间的“菜肉”一般是三点，使用名词、动词、形容词或副词分别映射自己能力里面的“知识”“技能”“特质”，这时需要再加以丰富的故事来证明自己的能力。比如，求职者可以说“我是一个有责任心的人”，与此同时再跟上故事——“我研究生期间担任了学院研究生党支部书记，年年考核优秀，曾获校级优秀学生干部称号”“我是一个有组织能力的人，2020年夏天我负责筹划了学院的研究生迎新晚会，效果很好，得到了省级媒体的报道”。这样的自我介绍就有血有肉、内容丰富了。

在自我介绍的时候还需要注意以下要点：眼神要坚毅，要敢于与人直视，不要飘，不要翻白眼。笑容要微笑，让人感觉愉悦、感觉你是自信而放松的。声音要大而稳，语速中等，普通话要标准。情绪上要避免情绪起伏波动，以免产生负面影响。开始与结束注意个人礼貌和基本修养。时间控制在3分钟左右为宜。

第二节　面试过程中的实战技能

目前，最常见的三种面试形式分别为结构化面试、无领导小组讨论和情景模拟面试。

一、应对结构化面试的策略

结构化面试是目前使用最为常见的人事评价手段之一。

它从面试程序、面试内容、评价标准及面试时间等方面都进行了严格的要求，可以说是流程清晰、内容严密。

用人单位会根据岗位的特点确定面试的具体内容模块、测评流程、安排和要求。需要注意的是，结构化面试中提出的问题往往仅与工作的要求有关，能比较客观地收集并评价候选人的信息，能尽量避免比如主观印象、第一印象和随机性等产生的各种评价误差及偏差。一般来讲，公务员和外企使用此类面试比较多。

结构化的问题往往有三种类型：

1. 经验性问题

经验性问题的回答可以采用"STAR＋R"的策略：STAR法应用的要点是你在无论阐述哪个故事的时候，都要用到当时的"情景、任务、行动、结果"四个要素，那么在面试中回答结构性问题时，我们还需要再加一个R，最后这个R指的是进行经验反思。

让我们用"STARR"法来分析：

比如你打算以在研究生会办的一次精彩的活动为例来陈述。

S——situation，也就是当时情景是，要举办研究生迎新晚会，大家想为下一届新生们准备精美纪念品礼物。

T——task/target，任务是，经费不足，想给晚会拉赞助。

A——action/attitude，态度和行动是，你开始积极准备、认真组织研究生会同学们手绘宣传明信片给新开的奶茶店拉人气，帮奶茶店做宣传。

R——result，结果是，奶茶店老板给了价值800块的礼物，100杯奶茶。

最后一个R，"R——reflection"也就是反思、想法：你觉得和研究生会同学们一起为一个目标努力很幸福，为研究生新同学奉献很快乐，感悟到做事全面思考很重要，要想合理化方法，不能蛮干。

这样陈述就内容全面，叙述生动活泼了。

2. 思维性问题

在面试中，有些是超出了我们经验的问题，那这些问题该怎么回答呢？我们依然可以采用“汉堡模式”来应对。接下来呢我们用一个例子来带大家了解一下汉堡模式的应用。

比如:谈谈如何看待中美贸易摩擦。

第一块面包的要义是重复:针对这个问题,可以重复题冠“中美贸易摩擦引起了各方讨论,包含中方和美方”。

最后一块面包的要义是陈述:“综上所述……”进行总结。

中间的一二三部分是关键,针对这个问题,应试者可以这样说:

第一,从有利的角度看,这是我国核心竞争力和世界经济地位提升的一种表现;

第二,从不利的角度看,客观上我国国力距美国有较大差距,这对我国外贸、科技包括国际政治与外交都有负面影响;

第三,从发展的角度看,这是难以避免的,可以刺激我们产业升级和科技进步,也是向国际舞台宣示中国力量和中国担当的好机会。

由此可见,中间部分必须要有逻辑,能引起他人共鸣。而且一般来说,中间夹层至少三点,所谓“无三不成文”。

这样的回答内容就比较丰满,而且显得思维清晰,逻辑缜密且表述全面了。

3. 结构性问题

结构性问题也称解决性问题,也是一类常见的面试问题,是以解决问题为目标,考察应试者分析问题、处理问题的能力,兼可考察面试者的思维广度。

举个例子:如何将200ml水放入100ml的水杯中?

首先面试者要树立结构化思维,也就是分析化思维。树立结构化思维的要点即为关键词拆分和细化处理。在看到问题“200ml水,放入100ml的水杯”后,先分析其中元素。这个问题涉及三个元素:水、水杯和环境,我们针对这三个元素提出解决方法,就是这个问题的解决思路。

举个例子,针对这个问题,面试者可以这样回答:

对于水,可以喝掉一半,可以倒掉一半,或者是把水冻成固体,或者是把水装在塑料袋子里,或者把水变成水蒸气装在气球里提升高度再放入。

对于水杯,可以改变水杯的材质,用有弹性可以延展的水杯。

针对环境,可以把重力环境改成无重力环境。

如上拆分后,问题就不再显得那么困难了,回答起来也就容易多了。

二、应对无领导小组讨论面试的策略

无领导小组讨论面试是一种集体面试的测评技术,通过给一组考生一个与工作相关的问题,让考生们进行一定时间的讨论。用以检测考生的组织协调能力、口头表达能力、辩论能力、说服能力、情绪稳定性、处理人际关系技巧等方面的能力和素质是否达到拟任岗位的要求。

1. 无领导小组讨论的一般流程

(1)随机分组。常常采用抽签的方式,一般 8 个人一组。

(2)获取题目。抽取或者制定,面试官读题或者发下去打印好的题。无领导小组讨论的题目类型往往有开放式问题、两难问题、多项选择问题、操作性问题以及资源争夺问题五类。一般来说,题目都没有标准答案,需要小组内成员沟通、协作达成相对一致。

(3)读完题后思考 5 分钟。这个时候应试者要注意全面思考,在草稿纸上记笔记、理思路。

(4)轮流发言,每人 3 分钟。这个时候注意表明观点和理由,第一轮发言往往会决定第一印象,所以非常重要。在发言时要学会使用名言警句,用在开头或者结尾效果会很好。

(5)组内成员自由讨论,20 分钟左右。主要是通过讨论或者辩论得出一致意见,如果没有得出一致意见,结果可能要么因为没有目标感或者是集体意识而被集体淘汰,要么是少录用几个(比如本来打算录用 4 个人,最后只录用 1～2 个人)。

(6)最后一步通常是 3 分钟总结,陈述小组观点(一般是有一个人代表小组进行陈述)。这个任务责任重大,是机会也是挑战。

2. 无领导小组讨论中的常见角色

(1)破冰者

破冰者是第一个发言者。破冰者需要勇气,往往是由性格比较外向的人来担当,破冰者的优势是首先阐述主要观点,影响讨论展开的方式和方向,能抢占转变为领导者角色的先机。

但破冰者也有一定的风险,就是自认为可以转变为领导者,容易引来后来者的批驳。而能力不足的破冰者提出的错误的观点和骄横的态度极可能带来加速的失败。

(2)领导者

领导者是引领整个讨论进行,不断总结和升华的角色。领导者必须透过现象看本质,不断分析他人的观点,不断将大家的观点整合成新的观点,形成完整的、有逻辑的体系。

但是领导者也不是人人都能胜任的,必须在讨论中展示自己无人可比的理论水平和逻辑思维才能服众,同时领导者一般需要气势,有让大家心服口服的镇定和自信。如果不具备这些素质,很容易弄巧成拙,希望领导别人却没人听从指挥，如果领导者无法应对，还可能会变得急躁，这些情况都会给人留下非常差的印象。

(3)组织者

组织者是调动团队气氛，调和大家意见，调配发言权的角色。组织者和领导者的工作有一定相似性，他们一个主外一个主内。这个角色有点像“和事佬”，但作用是保持讨论在一个大家都能说话的气氛下进行。组织者一般是一个性情平和，无论是说话风格还是思维都不太具有威胁性和刺激性的人。

组织者最忌讳的是随波逐流，没有控制住局势，让大家吵成一团，或者是被别人的意见牵着鼻子走，这样组织就失败了。

(4)时间控制者

时间控制者是注意时间进展，提示小组时间的角色。当有很多对无领导小组讨论面试完全不了解的人组成了一个小组时，很可能出现大家吵成一团，没有一个结果，最后被考官硬生生打断，甚至连总结汇报都没有时间做的情况。因此，时间控制者也是讨论过程中比较重要的角色。但是，随着人们对无领导小组讨论面试越来越了解，准备越来越充分，从讨论一开始，大家就抢着当时间控制者，这一角色的扮演已经逐渐不能完全用于判断应试者的素质和能力了。

(5)总结者

总结者是代表小组进行总结汇报的人。书面整理和口头表达是两回事，所以争做汇报人是抢夺最后汇报权的方式，是一个展示自我的好机会。

3. 无领导小组讨论面试中的注意事项

无领导小组讨论总的面试技巧是：先跟后带以塑造氛围，求同存异以找交集，善意解释以体现积极，善于总结以体现归纳。

(1)发言要积极主动

通常情况下，领导者意味着愿意承担责任，有一定的抗压能力，会较多地得到组织的关注。

可以积极、主动地亮出自己的看法和观点并条理清晰地佐证观点。这样，会给面试官留下较深的印象，而且还有可能影响到其他面试者的观点，将他们的注意力吸引到自己的观点上来，推动讨论进行。

(2)努力在小组中奠定良好的人际关系基础，顾及组中其他人的感受

要尊重队友观点，友善待人，不要恶语相向。如果为了过分表现自己，而对其他人的观点无端攻击、妄加指责会得到整个小组的厌恶。没有一个考官会喜欢一个不重视合作、没有团队意识的人，面试时一定要顾及同组其他人的感受。

(3)注意讲话的技巧，言辞要真诚可信，把握住说服他人的机会

如果你试图说服对方，那么一定要把握好时机，可以运用“先肯定后转折”

的技巧，不要试图在对方情绪激动的时候使其改变观点，要先找到对方言语里和自己共同的观点，再引申出自己的观点，尽量抓住客观性的关键信息进行陈述，这样更容易被信服。

无论什么时候发言，都要抓住问题的本质，做到言简意赅。任何语言的攻击力和威慑力，归根到底都来自观点的真理性和鲜明性。所以一定要提前作足准备，即便是非常高明的发言者都很难将自己精彩的发言信手拈来，这都需要提前的准备和思考，日常中的积累也非常重要。

(4)谈话的时候要广泛吸收别人的语言精华

这其实是“后发制人”的策略。在讨论开始后，面试者也可以不用急于表达自己的看法，而是仔细倾听别人的发言，从中捕捉某些对于自己有用的信息，通过取人之长来补己之短。

(5)不要失礼、失态，切忌恼羞成怒和得理不让人

谈话的时候要温文尔雅，不要高声辩论，更不能讽刺谩骂。如果别人不同意自己的观点，不要恼羞成怒，要心平气和地与其探讨。如果觉得自己发挥良好，也不要洋洋自得，应时刻保持谦虚慎重。

谈话时目光应保持平视，仰视会显得谦卑，俯视就会显得傲慢，这些行为都应当避免。在谈话中最好用眼睛轻松柔和地注视对方，以适当的动作加重谈话语气是必要的，但某些不尊重别人的举动则不应当出现。

(6)注意倾听，全神贯注，不要无端打断他人讲话

听别人讲话的时候不能东张西望或显出不耐烦的表情，特别注意不要不停地看自己的手表。既然倾听，就应当表现出对他人谈话内容的兴趣，不要介意其他无关大局的地方。

三、情景模拟面试的常见方式及应对技巧

情景模拟面试是设置一定的模拟场景，要求求职者扮演某一角色进入角色情境中，去处理各种事务及各种问题。

考官通过考生在情境中所表现出来的行为，进行观察和记录，来测评应试者的素质潜能，判断其是否能适应或胜任某项工作。

1. 常见的情景模拟面试方式

(1)机关通用文件处理的模拟

该方式往往是以机关日常文件处理为依据，编制若干个(比如 15～20 个)待处理的文件，让应试者以特定的身份在 2～3 小时内处理完毕。

(2)一般化工作活动的模拟

比如上下级对话模拟，考察沟通能力。布置工作模拟，测试应试者能否做

好工作任务上的处理和布置。

(3)特定角色扮演

模拟时要求应试者以特定的角色身份全情代入,完成一定的活动或任务。

(4)应用专业技能的现场作业

提供给应试者一定的数据和资料,要求应试者在规定时间内编制计划、设计图表、起草公文和计算结果等。

2. 情景模拟面试的应对技巧

(1)沉着应对,准确感知。要保持心绪的稳定,充满自信,沉着应对所面临的问题。

(2)循规操作,严谨规范。要持着严谨的态度,针对那些有明确规定的内容,要循规操作。

(3)大胆创新,体现思考。在适当的时候根据模拟情景中的条件和线索,进行大胆创新,体现自己扎实的技能和灵活的思维。

第三节　面试后需要做哪些跟进

经过面试前的悉心准备和面试中的沉着应对,面试后求职者又需要做些什么呢?

1."thank you letter"的准备

首先是"thank you letter"也就是感谢信的准备。一般在面试后的当天,求职者可以通过电子邮件给相关联系人发送一封感谢信,目的是表示感谢,并加深面试官对其的印象。感谢信中可以特别强调你和面试官曾讨论过的你自己的优势;同时可以对你面试中突出表现出来的不令人满意的地方进行说明,并提出改进想法;此外感谢信中也可说明在面试中你没有提到的,但是你拥有的非常重要的能力特质;最后还要注意再次强调对自己对公司的兴趣和自己的信心和努力。

2. 自我内化与总结

其次是要做到自我内化和总结。要趁着自己还没有忘记面试过程,及时对面试过程加以总结。总结自己在面试中暴露出的问题,并在下一轮中尽量注意避免犯同样的错误。

3. 继续加强模拟训练

最后是继续加强模拟训练。如果你的某次面试失败了,这并不是末日。请调整心态、加强训练,和小伙伴互相结对子,通过进行模拟训练来不断提升能力。总有一天你会取得面试的成功,获得一份满意的工作。

总结与实践

1. 总结

本章介绍了面试中的注意事项、面试类型、实践技能、结构化面试无领导小组讨论面试和情景模拟面试的主要流程，帮助同学们了解面试，轻松应对。

2. 实践

(1)准备一段不超过3分钟的自我介绍。(可以采取总分总的模式。首先一句话介绍自己的重要价值点，然后详细说明自己和这家公司有关的、岗位需要的能力特长，说明自己求职的目的和应该被录取的关键理由，最后表示感谢)

(2)模拟面试：描述你研究生期间做得最不满意的一件事，并据此描述一下你的缺点和改进措施。(用STARR策略进行分析)

第六章 打好学术诚信的基石

2020年8月26日，教育部下发了《关于几起高校学位论文作假行为查处情况的通报》，通报了三起学位论文作假行为。

国家对于研究生教育质量非常重视，对学位论文涉及的学术规范和学术不端的处理非常严肃。因此，注意学术诚信，避免学术不端，对于每个研究生同学来说都是必修课。

第一节 清晰学术规范的规定

一、学术规范的含义

学术规范指的是科研工作者在进行研究时应该遵守的规则和范式，包括三方面的内容：

1. *逻辑方面*

逻辑与创造性等方面的内容上，在确保在原有研究基础上发现新问题，达到思想深化和理论创新的目的。

2. *方法方面*

在得出结果的整个过程中，规范科学研究的路径与方法等。

3. *形式方面*

文本规范，包括文献索引、引证出处、参考书目、注释等符合学术要求。

二、学术不端的含义

教育部在2016年发布了《高等学校预防与处理学术不端行为办法》。该办法把学术不端定义为高等学校及其教学科研人员管理人员和学生在科学研究及相关活动中发生的严重违反公认的学术准则、违背学术诚信的行为定义了七种学术不端行为：

一是剽窃抄袭他人的学术成果。什么是剽窃？剽窃被美国自然基金会自然和工程学办公室定义为：将他人的思想方法、结果占为己有，或者没有使用适当言语，包括那些通过偷偷查看他人研究设想或者手稿的行为。剽窃从根本上说是一项有关知识产权的问题。如果我们要用别人的话去表达我们的思想，那么你就需要做两件事：第一，将所有的有来源出处的词句标上引用标记；第二，列出原始著作及原始出处。但要注意过度引用也属于学术不端。

二是篡改他人研究成果。

三是伪造科研数据资料文献注释，或者捏造事实编造虚假研究成果。

四是未参加研究或创作，而在研究结果学术论文上署名。未经他人许可而不当使用他人署名或者多人共同完成研究，而在成果中未注明他人工作的，也就是署名的问题。

五是在申报课题成果奖励和职务评审评定等过程中提供虚假学术信息。

六是有偿发表论文。论文由他人代写，或为他人代写论文。

七是其他公认的严重违反学术准则、违背学术诚信的行为，根据相关学术组织或者高等学校制定的规则，属于学术不端行为的情况。

第二节 为何学术不端时有发生

学术不端是全世界都存在的问题，我们看看下面几个国际上曾经发生的引起巨大影响的学术不端案例。

案例

一

2014 年，皮耶罗·安维萨被曝出学术造假。皮耶罗·安维萨是国际心血管领域的顶尖专家，美国再生医学中心主任，美国前哈佛医学院教授。

他在 2001 年宣称可以用骨髓干细胞使心肌再生，这个理论颠覆了当时人们认为心脏里心肌一旦坏死就没有办法再生的认识，轰动了整个学术界。安维萨依靠这个理论和一系列的发表在顶级期刊上的学术论文和研究成果，获得了数亿美元的研究经费。

而真相直到 2018 年才大白于天下：安维萨团队在 2001～2018 年发表在包括 *Nature* 杂志上的 31 篇有关再生心肌干细胞的高水平学位论文，全部涉及数据造假。

事实上，从一开始，就陆续有质疑的声音，因为其他专家一直无法重复安维萨的实验结果。但是也有一些学者,毫无保留地接受了安维萨的发现,甚至在他的基础上拓展出了一些“新的学术发现和理论”。这件造假事件揭露后,在全世界引起巨大震动。

二

日本的小宝方晴子曾被日本媒体称为“学术女神”“国宝”“日本居里夫人”等美誉。

2014 年,她在 *Nature* 杂志上连续发表两篇论文,宣称已经培育出可以分化为多种细胞的万能细胞,该细胞甚至可以生长出新的人体器官。但是很快她的研究结果就被其他学者质疑。

随后证实,小宝方晴子是蓄意造假,篡改了实验数据。论文造假发生后,她的合作作者也是他的导师替景方树不堪舆论压力自杀身亡。

三

韩国著名生物学家黄禹锡曾带领他的团队在 *Science* 杂志上发表学术论文,称利用患者体细胞成功克隆出了胚胎干细胞,有望攻克癌症,引起学术界的强烈关注。韩国也给予了大批研究经费支持他的进一步研究。

2005 年,黄禹锡被揭发多项研究成果均为伪造。随后黄禹锡本人被首尔大学解除职务,并以涉嫌侵吞经费违反伦理、通过非道德手段获得人类卵子等遭到起诉,最终被判处有期徒刑两年,缓期三年执行。

四

德国科学家舍恩在美国贝尔实验室工作时,两年时间里与 20 多位研究人员合作,连续在 *Science*、*Nature*、*Physical Review* 等全球著名学术刊物上发表了近 90 篇论文。2002 年,舍恩被查实至少有 9 篇论文存在数据问题,至少有 16 处属于学术不端。这个事件后被称为舍恩事件。

五

2003 年,中国上海交通大学微电子学院院长陈进教授,被证实他的团队发明的汉芯 1 号系造假。汉芯 1 号曾被认为是中国首款自主知识产权的高端芯片。实际情况是陈进将从美国进口来的芯片打磨掉原厂 logo,然后加上汉芯字样的标志,骗取国家上亿元研究经费。

从以上几个案例中我们可以看出,不光是硕士、博士这样的初级科研者会发生学术诚信的问题,就连许多知名学者和高级专家也存在学术不端的劣行。

那么为什么已经有了荣誉、地位和学术话语权的专家学者们会发生这种学术不端行为呢，学术不端的动机是什么呢？

2018 年 5 月 16 日，*Nature* 杂志发表了一篇文章，提出了“学术诚信”九大常见的陷阱，分析了一个学者产生学术不端的内在动机[①]：

第一，诱惑。“如果我的名字写在这篇论文上，简历看起来一定非常棒。”

第二，合理化。“只是一些数据点，实验本就存在缺陷，所以修改数据是合理的。”

第三，野心。“故事讲得越好，能发表的期刊就越高，我在学术界的影响力就越大。修改一些数据或者伪造几个数据又算什么！”

第四，集体和权威压力。当面对导师有不当的行为的时候不敢提出质疑，

第五，权力。有权力的人会说：“我为此这么努力，我知道这么做行得通，我需要让他发表。”

第六，欺骗。“我相信它会是这个样子，虽然现在还没有发生，但是我相信未来会出现。”

第七，渐进主义。“我只是删了一个数据点，就做这一次。”

第八，尴尬。“我不想因为不知道怎么做这个而看起来很蠢。所以，我只能编造数据。”

第九，愚蠢的系统。“如果我把这份稿子分三份提交，数量上不就多了吗？”

第三节　如何做到学术规范

无论是什么样的原因，学术造假都是不能容忍的一种欺诈行为。那我们如何做可以避免学术不端的发生呢？

一、学习学术写作规范与相关文件

有的同学是因为不了解学术写作规范和学术不端的标准，无意识地触碰了学术不端的红线。比如引用他人的研究成果没有标明出处；已经发表的论文稍作修改或是不作修改就直接投到另一个学术刊物上；涉及生物实验的论文没有提交至伦理委员会进行审批。

大部分学校都开设了“研究生学术写作规范”课程，同学们可以选修这样的课程，系统地学习相关学术规范。如果所在学校没有相关的课程，可以借助中国慕课网、学堂在线等网络平台资源，在线学习相关的规范内容。

---

① C. K. Gunsalus and Aaron D. Robinson, Nine pitfalls of research misconduct, *Nature*, 2018, 557(7705):297-299.

除了通过课程学习，还可以阅读相关的政策文件。在我国，诸如中国科学院、科技部都曾经专门发布《关于加强我国科研诚信建设的意见和国家科技计划科研不端行为处理办法》等文件，通过文件的学习，也可以帮助我们更清楚地认识什么是学术规范和学术不端。

2007 年首届世界科技大会在葡萄牙首都里斯本召开，2010 年新加坡召开了第二届世界科研诚信大会，2019 年第六届世界科研诚信大会在香港召开。这些会议的召开说明全世界都对科研诚信越来越重视。同学们可以关注会议内容，了解最新的学术规范要求。

二、换位思考，提高道德修养

避免学术不端的一个重要内容就是保护知识产权，对于研究生来说，每个人未来都是创造知识为生的知识生产者。保护知识产权就是保护我们每一个人。

一种理论，一种思想，一个研究结果，甚至一个研究数据都可能是一位学者做了很多年的所得。如果我们不作任何说明就放到自己的文章里，最后只署上我们的名字，这就是一种不道德的偷窃行为。如果每个人都不重视知识创造的价值，那我们的社会将会变成什么样子，创新又从何来呢？

让我们每个人都成为知识产权的保护者，坚决抵制学术不端行为，对这个世界真诚、友善、正直，这个世界才能同样地回报给我们。

总结与实践

1. 总结

本章介绍了学术不端的含义、学术不端产生的原因以及如何避免学术不端。希望同学们能够在科研中保持求真务实作风，做遵纪守法，恪守学术规范的科研工作者，为我国科研发展贡献力量。

2. 实践

分享一个自己研究领域内学术不端的案例，分析其发生的原因。如果你是管理者，你会如何处理该事件，为什么？

第七章　就业政策助力职业选择

本章主要介绍三部分内容：国家就业政策法规及就业导向、毕业生就业权益维护以及毕业生派遣的相关流程和时间节点。[①]

第一节　从就业政策看发展方向

就业政策是指政府以解决就业问题、规范就业行为、分配劳动力资源为目标而采取的一系列方案和行为准则。大学生就业政策法规是指国家、各级地方政府及高等院校为促进大学毕业生就业工作而制定的基本原则、具体的实施办法和实施程序，权益和义务等方面的规定，主要包括教育部和有关部委、各级地方政府、高等院校为大学生就业工作颁布的有关文件。

从国家层面，对大学毕业生包括研究生毕业生的基本政策导向包括七个方面，我们可以总结为"六个鼓励＋一个要求"。即鼓励高校毕业生面向城乡基层、中西部地区以及民族地区、贫困地区和艰苦边远地区就业；鼓励企业特别是中小企业吸纳高校毕业生就业；鼓励大学生应征入伍，报效祖国；鼓励大学生到国家重点领域就业；鼓励高校毕业生到国际组织实习任职；鼓励支持高校毕业生自主创业、灵活就业；要求政府机关、高校、社会组织为高校毕业生提供就业指导、就业服务和就业援助。

导向一：鼓励毕业生到基层就业

基层就业就是到城乡基层工作。国家近几年出台了一系列优惠政策鼓励高校毕业生基层就业。一般来讲，"基层"既包括广大农村，也包括城市街道社

---

① 本章节内容参考国家政策及各大就业网站相关政策解读，第三节就业流程以山东大学为例，各高校类同但并不完全一致，供参考。

区；既涵盖县级以下党政机关、企事业单位，也包括社会团体、非公有制组织和中小企业；既包含单位就业，也包括自主创业、自谋职业。

近年来，中央各有关部门主要组织实施了五个引导高校毕业生到基层就业的专门项目，包括：团中央、教育部、财政部、人力资源社会保障部等四部门从2003年起组织实施的"大学生志愿服务西部计划"；中组部、人力资源社会保障部、教育部等八部门从2006年开始组织实施的"三支一扶"（支教、支农、支医和扶贫）计划；教育部、财政部、人力资源社会保障部、中央编办等四部门从2006年开始组织实施的"农村义务教育阶段学校教师特设岗位计划"；中组部、教育部、财政部、人力资源社会保障部等部门从2008年起组织实施的"选聘高校毕业生到村任职工作"；农业部、人社部、教育部等部门从2103年起组织实施的"农业技术推广服务特设岗位计划"。这五个项目吸引了大批高校毕业生到基层就业。

下面我们简单介绍一下这五个项目：

1. 选聘高校毕业生到村任职

2008年，中组部、教育部、财政部、人力资源和社会保障部出台了《关于印发〈关于选聘高校毕业生到村任职工作的意见（试行）〉的通知》，计划用五年时间选聘10万名高校毕业生到农村担任村党支部书记助理、村委会主任助理或团支部书记、副书记等职务。从2010年开始，扩大选聘规模，逐步实现"一村一名大学生村官"计划的目标。选聘的高校毕业生在村工作期限一般为2～3年。

选聘对象为30岁以下应届和往届毕业的全日制普通高校专科以上学历的毕业生，重点是应届毕业和毕业1～2年的本科生、研究生，原则上为中共党员（含预备党员），非中共党员的优秀团干部、优秀学生干部也可以选聘。

2."三支一扶"计划

"三支一扶"是支教、支医、支农、扶贫的简称。2006年，中组部、原人事部等八部门下发《关于组织开展高校毕业生到农村基层从事支教、支农、支医和扶贫工作的通知》，以公开招募、自愿报名、组织选拔、统一派遣的方式，从2006年开始连续5年，每年招募2万名高校毕业生，主要安排到乡镇从事支教、支农、支医和扶贫工作。服务期限一般为2～3年。招募对象主要为全国普通高校应届毕业生。2011年4月，人力资源社会保障部下发《关于继续做好高校毕业生三支一扶计划实施工作的通知》，决定继续组织开展高校毕业生"三支一扶"计划，从2011年起，每年选拔2万名，五年内选拔10万名高校毕业生到基层从事"三支一扶"服务。

3. 大学生志愿服务西部计划

大学生志愿服务西部计划实施至今已经18年，由共青团中央牵头，教育部、财政部、人力资源社会保障部共同组织实施。从 2003 年开始，每年招募 1.8 万名普通高等学校应届毕业生，到西部贫困县的乡镇从事为期 1～3 年的教育、卫生、农技、扶贫以及青年中心建设和管理等方面的志愿服务工作。

4. 农业技术推广服务特设岗位计划

农业技术推广服务特设岗位计划由农业部牵头，人力资源社会保障部、教育部和科技部共同组织实施。从 2013 年开始，每年招募一批普通高等学校应届毕业生，到乡镇或区域性农业技术推广机构从事为期 2～3 年的农业技术推广、动植物疫病防控、农产品质量安全服务等工作。

5. 农村义务教育阶段学校教师特设岗位计划

为加强农村义务教育教师队伍建设，促进农村义务教育均衡发展，创新教师补充机制，提高教师队伍整体素质，逐步解决教师总量不足和结构不合理等问题，对西部地区“两基”攻坚县农村中小学，在不改变教师管理事权的前提下，在现有教师编制内设立特别岗位，由国家公开招募高校毕业生担任特别岗位教师。2006 年，教育部、财政部、人事部、中编办联合颁发了《农村义务教育阶段学校教师特设岗位计划实施方案》。

国家鼓励毕业生到基层就业的主要政策文件有六个，分别是：《国务院关于做好当前和今后一段时期就业创业工作的意见》（国发〔2017〕28）、《中共中央办公厅　国务院办公厅印发〈关于进一步引导和鼓励高校毕业生到基层工作的意见〉的通知》（中办发〔2016〕79 号）、《国务院关于进一步做好新形势下就业创业工作的意见》（国发〔2015〕23 号）、《国务院办公厅关于做好 2014 年全国普通高等学校毕业生就业创业工作的通知》（国发〔2014〕22 号）、《国务院办公厅关于做好 2013 年全国普通高等学校毕业生就业工作的通知》（国办发〔2013〕35 号）、《国务院关于进一步做好普通高等学校毕业生就业工作的通知》（国发〔2011〕16 号）。

这些文件中对高校毕业生就业主要优惠政策有：

（1）完善工资待遇进一步向基层倾斜的办法，健全高校毕业生到基层工作的服务保障机制，鼓励毕业生到乡镇特别是困难乡镇机关事业单位工作。

（2）对高校毕业生到中西部地区、艰苦边远地区和老工业基地县以下基层单位就业、履行一定服务期限的，按规定给予学费补偿和国家助学贷款代偿（研究生每人每年最高不超过 12000 元）。

（3）进一步强化基层工作经历的政策导向，干部人才选拔任用向在基层工作的优秀高校毕业生倾斜。

（4）自 2012 年起，省级以上机关录用公务员，除特殊职位外，按照有关规定一律从具有 2 年以上基层工作经历的人员中考录。

(5)省、市地级以上机关应拿出一定数量职位面向具有基层工作经历的公务员进行公开遴选。

(6)在中西部地区和艰苦边远地区县以下基层单位从事专业技术工作,申报相应职称时,可不参加职称外语考试或放宽外语成绩要求。

导向二:鼓励企业特别是中小企业吸纳高校毕业生就业

国家对鼓励中小企业吸纳高校毕业生也有相应的政策措施。优惠政策内容主要有:

(1)对招收高校毕业生达到一定数量的中小企业,地方财政应优先考虑安排扶持中小企业专项发展资金,并优先提供技术改造贷款贴息。

(2)对劳动密集型小企业当年新招收登记失业高校毕业生,达到企业现有在职职工总数30%(超过100人的企业达15%)以上,并与其签订1年以上劳动合同的劳动密集型小企业,可按规定申请最高不超过200万元的小额担保贷款并享受50%的财政贴息。

(3)高校毕业生到中小企业就业的,在专业技术职称评定、科研项目经费申请、科研成果或荣誉称号申报等方面,享受与国有企事业单位同类人员同等待遇。

(4)对小微企业新招用毕业年度高校毕业生,签订1年以上劳动合同并缴纳社会保险费的,给予1年社会保险补贴。

对引导国有企业吸纳高校毕业生就业国家也有相应的政策措施。对招收就业困难高校毕业生的企业,在保险费缴纳、岗前培训等方面都享受优惠政策。

导向三:国家鼓励大学生应征入伍

依法服兵役是公民应尽的义务。近年来,国家特别鼓励大学生应征入伍,以提高军队整体素质。这里的"大学生",是指根据国家有关规定批准设立、实施高等学历教育的全日制公办普通高等学校、民办普通高等学校和独立学院,按照国家招生规定录取的全日制普通本科、专科(含高职)、研究生、第二学士学位的应(往)届毕业生、在校生和已被普通高校录取但未报到入学的学生。征集的大学生以男性为主,女性大学生征集根据军队需要而定。

高校毕业生应征入伍服义务兵役享受优惠政策。除享有优先报名应征、优先体检政审、优先审批定兵、优先安排使用"四个优先"政策,家庭按规定享受军属待遇外,还享受优先选拔使用、学费补偿和国家助学贷款代偿、就业服务等政策。

导向四：鼓励大学生到重点领域就业创业

国家鼓励和引导高校毕业生到重要领域就业创业。作为研究生毕业生，更要主动对接人才需求，积极到重点地区、重大工程、重大项目、重要领域去就业。要抓住实施"中国制造 2025""互联网＋"行动计划等契机，到先进制造业、现代服务业和现代农业等领域就业创业。"一带一路""长江经济带""京津冀协同发展"等国家重大项目提供了大量的岗位需求。

例如，"一带一路"是"丝绸之路经济带"和"21 世纪海上丝绸之路"的简称，是国家级顶层合作倡议。旨在借用古代丝绸之路的历史符号，高举和平发展的旗帜，积极发展与沿线国家的经济合作伙伴关系，共同打造政治互信、经济融合、文化包容的利益共同体、命运共同体和责任共同体。"一带一路"的互联互通项目将推动沿线各国发展战略的对接与耦合，发掘区域内市场的潜力，促进投资和消费，创造需求和就业。到 2018 年，亚投行成员增至 87 个，成员中超过六成，为"一带一路"的合作伙伴国。出资 400 亿美元成立的丝路基金，2017 年再次增资 1000 亿人民币，支持项目涉及总金额达 800 亿美元。2019 年 4 月，39 位外方领导人、150 个国家、92 个国际组织、6000 多位外宾出席第二届"一带一路"国际合作高峰论坛，论坛达成 283 项务实成果。

按照《科技部 教育部 财政部 人力资源社会保障部 国家自然科学基金委关于鼓励科研项目单位吸纳和稳定高校毕业生就业的若干意见》规定，由高校、科研机构和企业所承担的民口科技重大专项、"973 计划"、"863 计划"、科技支撑计划项目以及国家自然科学基金会的重大重点项目等，可以聘用高校毕业生作为研究助理或辅助人员参与研究工作。此外的其他项目，承担研究的单位也可聘用高校毕业生。

吸纳对象主要以优秀的应届毕业生为主，包括高校以及有学位授予权的科研机构培养的博士研究生、硕士研究生。被吸纳高校毕业生需与项目承担单位签订服务协议，明确双方的权利、责任和义务，但不是项目承担单位的正式在编职工。

签订此类服务协议应包含：

(1)项目承担单位的名称和地址；

(2)研究助理的姓名、居民身份证号码和住址；

(3)服务协议期限；

(4)工作内容；

(5)劳务性费用数额及支付方式；

(6)社会保险；

(7)双方协商约定的其他内容。

服务协议不得约定由毕业生承担违约金。

导向五:鼓励大学生到国际组织中任职

国际组织是具有国际性特征的组织,是两个或两个以上国家(或其他国际法主体)为实现共同的政治经济目的,依据其缔结的条约或其他正式法律文件建立的有一定规章制度的常设性机构。国际组织分为政府间组织和非政府间组织,也可分为区域性国际组织和全球性国际组织。政府间的国际组织有联合国、欧洲联盟、世界贸易组织等,非政府间的国际组织有国际奥委会、国际红十字会等。

以联合国为例,联合国的国际公务员主要分为三种:D类、P类和G类。D代表的是director,即高级管理人员;P代表professional,即专业人员;而G则是general,即一般事务。

D类属于领导类职务,部分是在联合国内部一级一级晋升上来的,另外一部分则来自各国直接派遣,比如我国各部委派驻到联合国的工作人员。

G类属于基础性岗位,大多是行政、秘书等辅助性雇员,一般从机构所在国当地招聘。

P类是联合国的中坚力量,因此,对于想加入联合国的高校毕业生而言,最常规的方式,是参加联合国的YPP考试(即青年专业人员考试)。

YPP考试是2012年联合国对原国家竞争考试(NCRE)改革后的考试项目,是联合国招聘工作人员的主要方式之一,由人力资源社会保障部协助联合国在华举办。青年专业人员考试的对象为初级业务官员(P1/P2级),由联合国秘书处每年根据各会员国占地域分配的理想员额幅度情况,邀请无代表性、代表性不足或即将变为代表性不足的会员国参加考试。会员国同意参加后,其国民可通过联合国网站报名参加本年考试。考试一般由笔试和面试两个阶段的测试组成。通过考试选拔的人员将进入联合国后备人员名单,当出现职位空缺时,由联合国从后备人员名单中选聘。

国家对高校毕业生到国际组织实习任职提供指导服务。如:

(1)提供“高校毕业生国际组织实习任职服务平台”(http://gj.ncss.org.cn/),为毕业生到国际组织实习任职和参加志愿活动等,提供信息、咨询、培训等服务。

(2)鼓励有条件的高校结合国际组织人才需求,开展培养推送高校毕业生到国际组织实习任职工作,将国际组织基本情况、招聘要求、职业发展路径等内容,纳入大学生就业指导教材和课程。如山东大学已经在外国语学院建立了国际组织人才班。

(3)国家留学基金管理委员会从全国优秀应届毕业生中选派实习生，前往联合国教科文组织、国际民航组织及国际电信联盟进行实习，为期3～12个月，并可提供奖学金资助。

那么研究生到国际组织实习任职，需要哪些能力？

首先是语言水平。联合国有六种官方工作语言，英语、法语、西班牙语、阿拉伯语、俄语和汉语。其中英语和法语最为重要，两者兼具的求职者进入国际组织有着天然的优势。联合国的很多机构在招聘时都要求应聘者能够使用两种或两种以上语言进行交流。特别是能够运用这些语言进行实质性工作，比如能够进行协商谈判，作口头报告，在公众面前演讲，撰写相关报告或文件等。

其次是综合素质。国际组织对所聘公务员的要求，不单纯是技术性、专业性的，更重要的是在任何职场都需要的沟通能力、管理能力，尤其强调国际组织、跨文化工作所需要的某些能力，例如伙伴关系、团队精神、协同配合、相互尊重与理解等。在工作中，要有意识地培养有效行为的能力，避免无效行为。

《国际公务员行为标准》中明确提出了国际公务员需要具备八项核心能力和六项核心管理能力。八项核心能力分别是：沟通能力(communication)、团队精神(teamwork)、规划与组织(planning&organizing)、问责制(accountability)、创新能力(creativity)、客户导向(client orientation)、持续学习意愿(commitment to continuous learning)、技术意识(technological awareness)。六项核心管理能力分别是：远见(vision)、领导力(leadership)、激励别人(empowering others)、绩效管理(managing performance)、建立信任(building trust)、决策能力(judgment/decision-making)。

有意到国际组织工作的研究生，在大学时期，要特别注重外语能力的培养，熟练掌握“听说读写”的基本技能，也要多锻炼使用外语进行口头和书面交流的实际运用能力。有条件的话也可以参加托福、雅思等在国际上被广泛承认的语言水平考试，取得的成绩有助于申请国际组织的实习、志愿、正式工作项目。

导向六：国家鼓励支持高校毕业生自主创业，灵活就业

按照《国务院关于进一步做好新形势下就业创业工作的意见》(国发〔2015〕23号)、《国务院办公厅关于深化高等学校创新创业教育改革的实施意见》(国办发〔2015〕36号)等文件规定，高校毕业生自主创业，可以享受优惠政策。

1.高校毕业生自主创业优惠政策

高校毕业生自主创业优惠政策主要包括六个方面：

(1)税收优惠：持人社部门核发《就业创业证》(注明“毕业年度内自主创业

税收政策”)的高校毕业生在毕业年度内(指毕业所在自然年,即1月1日至12月31日)创办个体工商户、个人独资企业的,3年内按每户每年8000元为限额依次扣减其当年实际应缴纳的营业税、城市维护建设税、教育费附加和个人所得税。对高校毕业生创办的小型微利企业,按国家规定享受相关税收支持政策。

(2)创业担保贷款和贴息支持:符合条件的高校毕业生自主创业的,可在创业地按规定申请创业担保贷款,贷款额度为10万元。

(3)免收有关行政事业性收费:毕业2年以内的普通高校毕业生从事个体经营,3年内,免收管理类、登记类和证照类等有关行政事业性收费。

(4)享受培训补贴:对高校毕业生在毕业学年(即从毕业前一年7月1日起的12个月)内参加创业培训的,根据其获得创业培训合格证书或就业、创业情况,按规定给予培训补贴。

(5)免费创业服务:有创业意愿的高校毕业生,可免费获得公共就业和人才服务机构提供的创业指导服务,包括政策咨询、信息服务、项目开发、风险评估、开业指导、融资服务、跟踪扶持等“一条龙”创业服务。

(6)取消高校毕业生落户限制,允许高校毕业生在创业地办理落户手续(直辖市按有关规定执行)。

2.加强创新创业教育,鼓励在学期间创业

高校要根据人才培养定位和创新创业教育目标要求,促进专业教育与创新创业教育有机融合,调整专业课程设置,挖掘和充实各类专业课程的创新创业教育资源,在传授专业知识过程中加强创新创业教育。

高校毕业生可选择参加创业培训和实训,并可按规定享受培训补贴,以提高创业能力。特别是各地人力资源社会保障部门已形成一些成熟的创业培训模式,高校毕业生可以参加。

从教育部到高校对研究生在学期间创业是有一些政策可以享受,比如:

(1)学生参加创新创业、社会实践等活动,可以折算为学分,计入学业成绩。

(2)对休学创业的学生,可以单独规定最长学习年限,并简化休学批准程序。

(3)休学创业或退役后复学的学生,需要转专业的,学校应当优先考虑。

(4)建设一批大学生创业示范基地,开辟专门场地用于学生创新创业实践活动。

(5)多渠道统筹安排资金,支持创新创业教育教学,资助学生创新创业项目。

导向七：提供就业指导

要求各级政府、社会组织、高校为高校毕业生提供就业指导、就业服务和就业援助。这部分内容跟就业权益维护密切相关。

第二节　就业权益如何保护我

高校毕业生就业权益维护内容庞杂，在此，我们选取了十个方面的内容，和大家共同探讨。

一、到基层就业办理户口、档案、党团关系等手续

对到中西部地区、艰苦边远地区和老工业基地县以下基层单位就业的高校毕业生，实行来去自由的政策，户口可留在原籍或根据本人意愿迁往就业地区；人事档案原则上统一转至就业单位所在地的县级政府人力资源社会保障部门，由公共就业和人才服务机构提供免费人事代理服务；党团组织关系转至就业单位，在工作期间积极要求入党的，由乡镇一级党组织按规定程序办理。

二、研究生参加中央部门组织实施的基层就业项目，服务期满后享受优惠政策

(1)公务员招录优惠：每年拿出公务员考录计划的一定比例，专门用于定向招录服务期满且考核称职（合格）的服务基层项目人员。当然服务基层项目人员也可报考其他职位。

(2)事业单位招聘优惠：鼓励在项目结束后留在当地就业，参加各基层就业项目相对应的自然减员空岗，全部聘用服务期满的高校毕业生。

(3)国家补偿学费和代偿助学贷款政策：参加各基层就业项目的毕业生，符合规定条件的，可享受相应的学费补偿和助学贷款代偿政策。

(4)服务期满自主创业的，可享受税收优惠、行政事业性收费减免、小额贷款担保和贴息等有关政策。

(5)其他：各基层就业项目服务年限计算工龄。服务期满到企业就业的，按照规定转接社会保险关系。

三、高校毕业生到企业（特别是中小企业）就业，在当地落户

按照国务院办公厅有关文件规定，省会及以下城市要放开对吸收高校毕业生落户的限制，简化有关手续，应届毕业生凭《普通高等学校毕业证书》《全国普通高等学校毕业生就业报到证》、与用人单位签订的《就业协议书》或劳动（聘

用)合同办理落户手续;非应届毕业生凭与用人单位签订的劳动(聘用)合同和《普通高等学校毕业证书》办理落户手续。高校毕业生到小型微型企业就业、自主创业的,其档案可由当地市、县一级的公共就业人才服务机构免费保管。办理高校毕业生档案转递手续,转正定级表、调整改派手续不再作为接收审核档案的必备材料。

四、关于毕业生档案

高校毕业生到具有档案管理权限的机关、事业单位、国有企业就业的,由单位直接接收、管理档案。到无档案管理权限的单位(私营企业、外资企业等)就业的,可由各地公共就业和人才服务机构负责提供档案管理等人事代理服务。高校毕业生离校时没有就业的,档案可由学校统一发回原户籍所在地公共就业和人才服务机构保管。档案不允许个人保存。2015 年 1 月 1 日起,取消收取人事关系及档案保管费、查阅费、证明费、档案转递费等名目的费用。各级公共就业和人才服务机构应提供免费的流动人员人事档案基本公共服务。

五、高校毕业生如何与用人单位订立劳动合同

《劳动合同法》第七条规定,用人单位自用工之日起即与劳动者建立劳动关系。

第十条规定,建立劳动关系,应当订立书面劳动合同。已建立劳动关系,未同时订立书面劳动合同的,应当自用工之日起一个月内订立书面劳动合同。

第八条规定,用人单位(企业、个体经济组织、民办非企业单位等组织)招用劳动者时,应当如实告知劳动者工作内容、工作条件、工作地点、职业危害、安全生产状况、劳动报酬,以及劳动者要求了解的其他情况;用人单位有权了解劳动者与劳动合同直接相关的基本情况,劳动者应当如实说明。

第九条规定,用人单位招用劳动者,不得扣押劳动者的居民身份证和其他证件,不得要求劳动者提供担保或者以其他名义向劳动者收取财物。

六、关于社会保险

首先要了解社会保险是指国家通过立法,按照权利与义务相对应原则,多渠道筹集资金,对参保者在遭遇年老、疾病、工伤、失业、生育等风险情况下提供物质帮助(包括现金补贴和服务),使其享有基本生活保障、免除或减少经济损失的制度安排。

那么我国建立了哪些社会保险制度?《社会保险法》第二条规定,我国建立基本养老保险、基本医疗保险、工伤保险、失业保险、生育保险等社会保险制度,

保障公民在年老、疾病、工伤、失业、生育等情况下依法从国家和社会获得物质帮助的权利。其中,基本养老保险制度包括职工基本养老保险制度、新型农村社会保险制度和城镇居民社会养老保险制度;基本医疗保险制度包括职工基本医疗保险制度、新型农村合作医疗制度和城镇居民医疗保险制度。

那么,用人单位应该履行哪些社会保险义务?又享有哪些社会保险权利?

用人单位的社会保险义务包括:一是申请办理社会保险登记的义务;二是申报和缴纳社会保险费的义务;三是代扣代缴职工社会保险的义务;四是向职工告知缴纳社会保险费明细的义务。

享有的社会保险权利包括:一是有权免费查询、核对其缴费记录;二是有权要求社会保险经办机构提供社会保险咨询等相关服务;三是可以参加社会保险监督委员会,对社会保险工作提出咨询意见和建议,实施社会监督;四是对侵害自身权益和不依法办理社会保险事务的行为,有权依法申请行政复议或者提起行政诉讼。此外,还有权对违反社会保险法律、法规的行为进行举报、投诉。

毕业生依法缴纳社会保险费后,享有以下权利:

(1)有权依法享受社会保险待遇;

(2)有权监督本单位为其缴费情况;

(3)有权免费向社会保险经办机构查询、核对其缴费和享受社会保险待遇权益记录;

(4)有权要求社会保险经办机构提供社会保险咨询等相关服务;

(5)对侵害自身权益和不依法办理社会保险事务的行为,有权依法申请行政复议或者提起行政诉讼。

此外,还有权对违反社会保险法律、法规的行为进行举报、投诉。

七、处理劳动人事纠纷

发生劳动人事争议,可以通过协商解决。当事人不愿协商或协商不成的,可以向调解组织申请调解;不愿调解、调解不成或者达成调解协议后不履行的,可以向劳动人事争议仲裁委员会申请仲裁;对仲裁裁决不服的,除法律另有规定的外,可以向人民法院提起诉讼。

对用人单位违反劳动保障法律、法规和规章的情况,高校毕业生可向人力资源社会保障部门举报、投诉。劳动保障监察机构将依法受理,纠正和查处有关违法行为。

八、为高校毕业生提供就业服务的机构

1. 公共就业和人才服务机构

由各级人力资源社会保障部门举办的公共就业和人才服务机构,为高校毕

业生免费提供政策咨询、就业信息、职业指导、职业介绍、就业援助、就业与失业登记或求职登记等各项公共服务，按规定为登记失业高校毕业生免费提供人事档案管理等服务。此外，还定期开展面向高校毕业生的公共就业和人才服务专项活动，为高校毕业生和用人单位搭建供需对接平台。

2. 高校毕业生就业指导机构

目前，各省教育部门、各高校普遍建立了高校毕业生就业指导机构，为毕业生提供就业咨询、用人单位招聘及实习实训信息、求职技巧、职业生涯辅导、毕业生推荐、实习实践能力提升和就业手续办理等多项就业指导和服务。

3. 职业中介机构

职业中介机构主要包括从事人力资源服务的经营性机构，政府鼓励各类职业中介机构为高校毕业生提供就业服务，对为登记失业高校毕业生提供服务并符合条件的职业中介机构按规定给予职业介绍补贴。

另外，高校毕业生可以通过以下渠道获取就业信息：

(1)浏览各类就业信息网站，包括中央有关部门主办的全国性就业信息网站、地方有关部门主办的就业信息网站、各高校就业信息网站及校内 bbs 求职版面、其他专业性就业网站等；

(2)参加各类招聘和双向选择活动，包括国家有关部门、各地、学校、用人单位等相关机构组织的各类现场或网络招聘活动；

(3)参与校企合作实习，包括社会实践、毕业实习等活动；

(4)查阅媒体广告，如报纸、刊物、电台、电视台、视频媒体等；

(5)他人推荐，如导师、校友、亲友等；

(6)主动到单位求职自荐等。

九、困难家庭高校毕业生可以享受的帮扶政策

困难家庭高校毕业生是指：来自城镇低保家庭、低保边缘户家庭、农村贫困家庭和残疾人家庭的普通高校毕业生。

各级机关考录公务员、事业单位招聘工作人员时，免收困难家庭高校毕业生的报名费和体检费。

为帮助困难家庭的高校毕业生求职就业，高校一般都会安排经费作为困难家庭毕业生的求职补助，或对已成功就业的困难家庭毕业生给予奖励。困难家庭的毕业生可向所在院系书面申请。学校也应根据平时掌握的情况，对困难家庭的毕业生给予主动帮助。

根据 2020 年 10 月份《山东省人力资源和社会保障厅等六部门关于做好 2021 届高等学校中职学校技工院校毕业生求职创业补贴发放工作的通知》，发

放对象为在毕业年度内有就业意愿、积极求职，并符合下列条件之一的全日制普通高等学校毕业生：

(1)低保家庭毕业生；

(2)特困人员毕业生；

(3)孤儿；

(4)重点困境儿童毕业生(含事实无人抚养儿童)；

(5)建档立卡贫困家庭毕业生(含即时帮扶人口)；

(6)残疾人毕业生及贫困残疾人家庭毕业生；

(7)在学期间已获得国家助学贷款。

求职创业补贴发放标准为低保家庭、特困人员、孤儿、重点困境儿童、建档立卡贫困家庭、残疾人毕业生及贫困残疾人家庭的毕业生补贴标准为1000元/人，其他人员补贴标准为600元/人。

十、离校未就业高校毕业生可享受的服务和政策

按照国务院办公厅、人社部等相关文件要求，为做好离校未就业高校毕业生就业工作，从2013年起实施离校未就业高校毕业生就业促进计划，主要包括：

(1)地方各级人社部门所属公共就业人才服务机构和基层公共就业服务平台要面向所有离校未就业高校毕业生(包括户籍不在本地的高校毕业生)开放，办理求职登记或失业登记手续，发放《就业创业证》，摸清就业服务需求。其中，直辖市为非本地户籍高校毕业生办理失业登记办法按现行规定执行。

(2)对实名登记的所有未就业高校毕业生提供更具针对性的职业指导。

(3)对有求职意愿的高校毕业生要及时提供就业信息。

(4)对有创业意愿的高校毕业生，各地要纳入当地创业服务体系，提供政策咨询、项目开发、创业培训、融资服务、跟踪扶持等"一条龙"创业服务。及时提供就业信息。

(5)要将零就业家庭、经济困难家庭、残疾等就业困难的未就业高校毕业生列为重点工作对象，提供"一对一"个性化就业帮扶，确保实现就业。

(6)对有就业见习意愿的高校毕业生，各地要及时纳入就业见习工作对象范围，确保能够随时参加。

(7)对有培训意愿的离校未就业高校毕业生，要结合其专业特点，组织参加职业培训和技能鉴定，按规定落实相关补贴政策。

(8)地方各级公共就业人才服务机构要为离校未就业高校毕业生免费提供档案托管、人事代理、社会保险办理和接续等一系列服务，简化服务流程，提高

服务效率；有条件的地方可对到小微企业就业的离校未就业高校毕业生，提供免费的人事劳动保障代理服务。

(9)加大人力资源市场监管力度，严厉打击招聘过程中的欺诈行为，及时纠正性别歧视和其他各类就业歧视。加大劳动用工、缴纳社会保险费等方面的劳动保障监察力度，切实维护高校毕业生就业后的合法权益。

第三节 就业流程环节早知道

关于毕业生就业派遣，有几项很重要的工作要做，如准备就业推荐表、与用人单位签订合作协议等。

一、毕业生就业推荐表

毕业生就业推荐表的填写、形成，这是区分是否是全日制毕业生的很重要的一点。各高校流程大同小异，基本流程如下(见图 7-1)：

(1)登录学校就业信息网，点击“学生服务—学生登录(账号是学号，密码是sdu＋身份证后六位)”；

(2)完善基本信息；

(3)推荐表制作—保存—预览—提交审核；

(4)学院审核并填写评价意见；

(5)毕业生在学校自助终端打印。

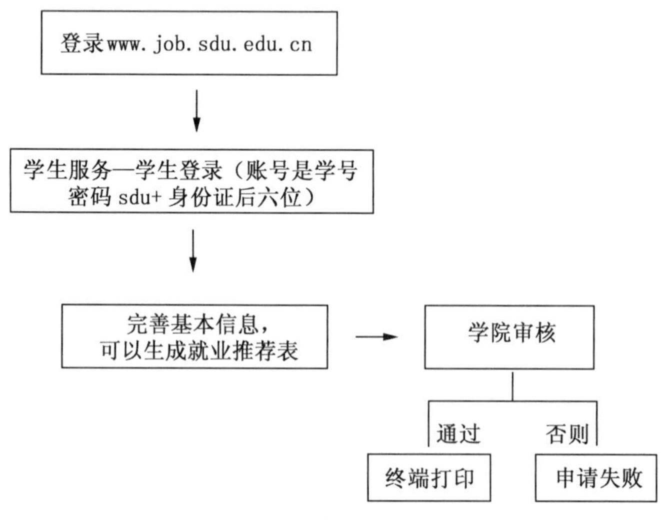

图 7-1 毕业生就业流程

二、与用人单位签约

毕业生与用人单位签约流程如下(见图 7-2):

(1)用人单位注册后登录;

(2)单位在"招聘服务"—"在线签约"模块点击"发起签约邀请";

(3)单位完善签约信息项并选择签约学生(签约邀请函设定有效期);

(4)学生完善个人基本信息及签约信息项;

(5)学生应约后系统自动生成就业协议书;

(6)单位/学生彩色打印或学生在校内自助终端实时打印纸质版协议书;

(7)学生将本人签字、单位盖章的协议书上传系统;

(8)学院在线审核后签约信息进入就业方案库;

(9)校网系统与省网系统对接,进行派遣。

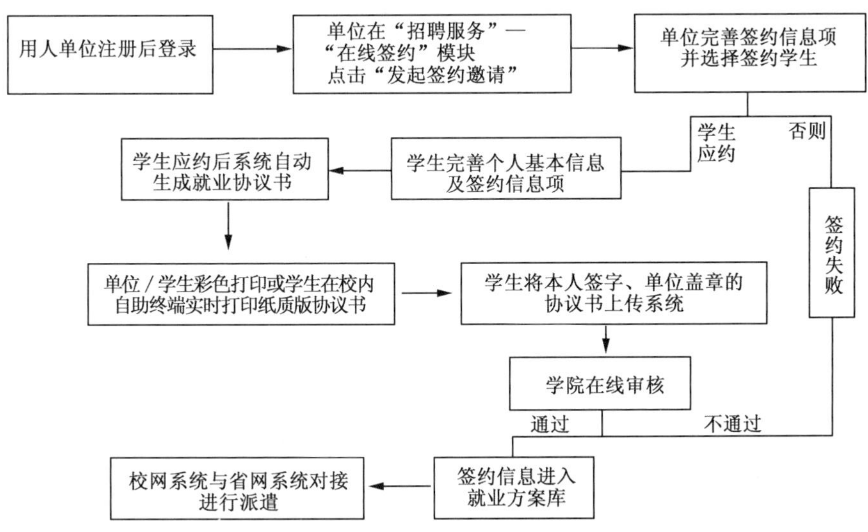

图 7-2　毕业生和用人单位签约流程

个别毕业生签约之后又想解约,必须按照解约流程进行,流程如下:

(1)学生于"在线签约"模块发起解约申请;

(2)学院于"毕业去向解约管理"模块点击"阅知";

(3)违约申请到达用人单位,等待单位审核(同意或不同意解约);

(4)单位同意则系统自动生成解约函、解约记录并备案,单位、学生、院校均可查看(单位或学生可自行打印解约函,双方签字盖章);

(5)系统自动恢复学生签约权限并提示仅余一次签约机会。

这些流程很重要,是指导我们签约、完成毕业派遣的重要步骤。

毕业生派遣的几个关键时间节点，需要大家重点关注。如：

· 一般每年9月开始校招；

· 每年10～11月，生源信息采集上报；

· 5月份，填写毕业生登记表、组织关系转接、户口迁移信息等；

· 6月前上传就业信息，完善就业方案；

· 6月中旬，就业方案上报截止时间，整理派遣信息；

· 6月底，上报就业方案，省厅打印下发报到证，离校，整理档案；

· 7月初通过EMS或机要部门发档案；

· 7月底8月份，请在就业信息网上查询档案去向。

总结与实践

1. 总结

本章介绍了国家对毕业生就业政策及就业导向，毕业生依法享有的就业权益，同时详细介绍了毕业生的就业流程，帮助研究生同学在就业求职中，更加快速高效。

2. 实践

依据国家对毕业生的相关政策，结合自己的具体情况，思考应该重点关注那些就业政策，如何利用政策更好地实现求职就业。

第八章 兴趣可以成为职业吗

曾经有这样两个辩题:“感兴趣的工作总是996,我该不该886?”“高薪不喜欢和低薪很喜欢的工作,你选哪个?”换句话说就是,兴趣在你的工作选择时,占了多大的比重?

王同学在填写高考志愿的时候,就由于不知道自己真正喜欢什么,而听取了家人的意见,选择了一个“女孩子比较适合”的外语专业。她对自己所学的专业谈不上特别的喜欢,也不是特别烦。然而她很在意别人的看法,比如她所学的专业是否有前途,其他专业又怎样好,等等。每当这个时候,她都会陷入困惑和迷茫,不知道所学的专业是否适合自己,也不知道怎么样的职业才是自己最喜欢的。为了暂时逃避工作,她又选择了继续读研,但是到了研究生以后,同样的问题依旧没有得到解决,她仍然不知道自己的学术兴趣,也不知道该选什么工作。

李同学本科是化工专业,由于听说现在人工智能、大数据很火,因此跨专业报考了计算机专业的研究生。然而,他需要补修许多专业基础课,再加上科研、论文等学业要求,他发现自己学起来越来越吃力,压力也越来越大,对自己也慢慢有些失去信心了。

上面的情况你的身边是否也发生过?如何看待兴趣与职业的关系,如何让职业和兴趣相结合?希望本章读完后,你有自己的答案。

第一节 职业兴趣就是兴趣吗

一、研究生的职业生涯现状

同学们对当下对职业选择或职业发展感到最困惑的有专业方向、行业前景，这些我们在前面的内容中有过论述。除此之外，还有很多同学提到：如果对自己的专业没有兴趣，是选择感兴趣的职业还是选择本专业相关的工作？

为什么会学一个不感兴趣的专业呢？因为很多同学在当初大学填报志愿的时候，就没有按照自己的兴趣去选择专业。很多同学因为专业热门，感觉好找工作或是工作稳定而进行学校选择，有的同学甚至是父母替他们选择的专业，把自己的兴趣放在了很靠后的位置上，进而考研时出于“容易上线”的原因，继续选择了自己熟悉的专业进行深造。

但是，同一个热门的专业里也会有学得好的同学和学得不好的同学，相应的，好找工作的专业里也有找不到工作的学生，那么，如果你只是为了热门或者听说好找工作选了一个专业，去了以后发现你不喜欢，或者说你压根儿就不擅长，你学不会，那该怎么办呢？

我们再来看大家对理想职业的想法。图 8-1 和图 8-2 是研究生对于职业的困惑和理想职业的特点的描述。从这两个图中考研看出，大部分同学最关心的是职业稳定度，其次是就业前景，工作时间自由、不加班和工资待遇好。也就是说，大家都希望找一个钱多、事少、有发展，还能一直做下去的工作。但是，社会发展得非常的快，哪有什么工作一定是稳定的呢？甚至今天最受欢迎的 10 种工作中，有 6 种在十年前根本都不存在！也就是说，你以现在的就业情况去选择专业，等你毕业以后，有很多工作可能已经消失了，这是不符合社会的发展规律的。那么我们要在这样的一个环境下去找一个能够相对长期做下去的职业，又应该会是什么样的？

图 8-1 研究生对职业选择或职业发展的困惑

图 8-2 研究生心目中理想职业的特点

二、心流实验

美国芝加哥大学的心理学教授米哈里·契克森米哈赖（Mihaly Csikszentmihalyi），用了 30 多年的时间做了一个实验：他给很多人发了一种呼叫器，每天这个呼叫器会随机地呼叫 8 次，参加实验的人只要收到呼叫，就立刻记录下来此刻的感觉，然后根据这个感受打分：我此刻感受特别好、我觉得一般、我特别糟糕等，把打分记下来，并且记录此刻自己在做些什么。通过这个实验，他收集了 10 万份这样的问卷。

听到这里是不是有去算一下的冲动？恭喜你，你肯定对数学有兴趣。

我也算了一下，10 万份除以 8 等于 12500 天，相应的等于 34.25 年。确实是 30 多年得到了这样 10 万份问卷。

通过这些问卷，他就找到了人们最高峰时期的体验，有一个共同的描述就是"太棒了，那个感觉特别好的时候，像有一股洪流带领着我的那种感觉"，在这个时候，他们的描述是内心没有丝毫的痛苦纠结，他们浑然忘我，完全沉浸在当时的行为当中，米哈里给这种状态起了一个名字，叫作"心流"的状态。①

那么，这种心流的状态会更多地出现在工作、学习中，还是休闲当中呢？

大家可以回想一下，你在回到宿舍以后，瘫坐在床上，玩手机或者追剧的时候的感觉，和你在一个专注的工作、学习当中，在背英语单词的时候的感觉，哪种情况更容易出现心流的状态呢？

答案是这两种情况在调查问卷中分别占比 18%和 54%。

事实上就是，那些没有质量、纯粹放任的休闲方式，是没法给你带来心流体验的。就好像你终于有个时间可以坐在那玩手机，可是玩着玩着你就会觉得我怎么在浪费时间，而且好像什么收获都没有，有时候可能还会自责。

而工作、学习也没有我们想象得那么痛苦。大家可以回想一下：你有的时候解一道题，这道题有点困难，但是你非常投入地在解那道题，解着解着，时间慢慢地流逝，不知不觉天就黑了，是不是也非常美妙。

如果我们能够创造更多的心流体验，把每一个工作、学习的时机都转换成沉浸其中的时刻，工作、学习是不是也就变成一种享受了呢？

米哈里引用了《庄子》中庖丁解牛的故事。

> 庖丁为文惠君解牛，奏刀𬴊然，莫不中音，合于《桑林》之舞，乃中《经首》之会。文惠君曰："嘻！善哉！技盖至此乎？"
>
> 庖丁对曰，臣以神遇而不以目视，游刃必有余地矣，是以十九年而刀刃若新发于硎。

米哈里说"以神遇"的这个"遇"字，就是一股洪流带领的结果。他根本就不是拿眼睛看这个牛，而是用身心去感受那个牛，让自己的刀和牛融为一体，然后快速地进行切割。技术好的厨师每年更换一把刀，技术一般的厨师每个月就得换一把刀，而庖丁这把刀用了 19 年还和新的一样。

---

① 参见[美]米哈里·契克森米哈赖：《生命的心流》，陈秀娟译，中信出版社 2009 年版，第 33 页。

三、兴趣是什么

庖丁解牛的故事其实和我们学习是类似的。大家可以思考一下：你学习究竟是在追求体验，还是在追求结果？

如果我们只是简单地用考试来衡量所有的结果的话，那么同学们往往都会变得被动，没有兴趣，不愿意深入理解。经常有同学会说："我学这门课有什么用，我能不能考前突击一下，把一些结果背一背，混过考试就算了。"我们经常听到的另一句话是："考完我就还给老师了。"

但是如果只希望得到高分，只希望快速地记忆，那结果就是你也会很快地忘记，那你能够真正学到什么东西呢？且不说课程之间都有先后关系，都是对你的专业研究有帮助的，退一步讲，就算这个知识现在用不上，但是将来如果你要用它的时候，你选择会还是不会呢？

理查德·莱文在他的演讲集《大学工作》中这样说："教育的核心是培养学生批判性独立思考的能力，并为终身学习打下基础。"①

试想一下，如果一个事情让你越学越有劲，越学越觉得有意思，感觉这个事有探索不完的东西，你是不是既快乐，又能不断地成长呢？

美国学者诺埃尔·蒂奇(Noel Tichy)把人的知识和技能层次划分为舒适区(comfort zone)、学习区(stretch zone)和恐慌区(panic zone)(见图8-3)。对于难度较低，或者我们已经熟练掌握的知识，我们通常觉得非常容易，长期做的话容易产生厌倦的感觉，而难度很高，以目前的能力难以学会的东西，会让我们压力很大，产生恐慌情绪，所以有一定挑战性、稍稍努力能够学会的东西，才是我们学习的范围。在这个区域的内容，会让你有掌控感，甚至学到入神，浑然忘我，而且每次你都会有一些进步。

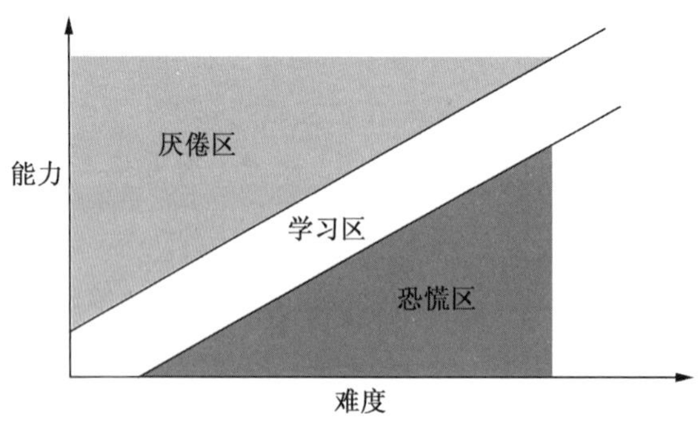

图8-3 知识、技能层次划分

① [美]理查德·莱文:《大学工作》,王芳等译,外文出版社2004年版,第184页。

其实我们日常的事情通常分为两种，一种是需要做的，一种是想要做的。比如说吃饭睡觉，就是我们需要做的，但是当我们满足了以后，对做这些事的动力就消失了。不会持续地想要去做，而只有兴趣才能让我们产生持久的动力，

兴趣是我们内心动力和快乐的最终来源。兴趣是无论我们能力高低，也无论外界评价如何，我们依然乐此不疲，能够沉浸其中的事情。

那么我们怎么能找到一个钱多事少又稳定的职业呢？

我们应该找一个自己喜欢并且愿意一直做下去的方向，在这样的一个方向上，不断地去学习、去努力，这样不仅能收获快乐，同时也会有一个很好的发展前景，它也就变成一份稳定的职业了。

第二节 善用职业兴趣测评工具

约翰·霍兰德(John Holland)是美国约翰·霍普金斯大学心理学教授，也是美国著名的职业指导专家。他于1959年提出了具有广泛社会影响的职业兴趣理论，认为人的人格类型、兴趣与职业密切相关，兴趣是人们活动的巨大动力，凡是具有职业兴趣的工作，都可以提高人们的积极性，促使人们积极地、愉快地从事下去，且职业兴趣与人格之间存在很高的相关性。

一、职业兴趣分类

霍兰德认为，人格可以按照兴趣类型分为现实型、研究型、艺术型、社会型、企业型和常规型六种。

其中，现实型的人通常有运动或机械操作的能力，喜欢工具、植物或动物，偏好户外运动。研究型的人喜欢观察、学习、研究、分析、评估和解决问题。艺术型有艺术、直觉、创造的能力，喜欢运用它们的想象力和创造力，在自由的环境中工作。社会型的人擅长和人相处，喜欢教导、帮助、启发或训练别人。企业型的人喜欢和人群互动，自信、有说服力、领导力，追求政治和经济上的成就。常规型的人喜欢从事资料工作，有文书或数字的能力，能够听从指示、完成细琐的工作。

现在，你是不是大概知道自己是什么类型了呢？你可能会发现，有好几个类型和自己都很符合。实际上，我们常常选出排名前二或前三的职业兴趣，来作为你的职业兴趣编码，运用霍兰德职业索引就可以查到你的职业兴趣编码对应着哪些职业。而这些职业兴趣，是可以根据你喜欢的活动、你的能力、和你喜欢的职业测试出来的。其中包括：

1. 实际型活动

实际型活动包括各种动手操作的活动，如装配、修理等，而能力也包括使用

各种工具，如看图纸、修理东西等。喜欢玩乐高的同学，一般会有这个兴趣类型。实际型的职业，常见的是外科医生、工程师、维修工等。也就是说，实际型是喜欢和物品打交道、喜欢动手操作的类型。

2. 调研型活动

调研型活动包括做实验、调查、研究等，能力包括能够使用各种实验器具、能够对物理化学原理进行简单解释。调研型的职业就是各种学者。研究生经过这么多年的学习和训练，大多会有调研的能力，但是真正想潜下心来去做一个学者的人可能并不多。总的来说，调研型的人愿意探索事物、追求真知。

3. 艺术型活动

显而易见，所有美术、音乐、创作相关的都是艺术型的。可能很多同学都喜欢看小说、吟诗、学习美术或者乐器，但是并不一定都要去做艺术家。绝大多数有创造性的活动都属于艺术型的范畴。

4. 社会型活动

社会型活动包括参加或组织各种活动。社会型职业非常多样，只要和人打交道的都属于社会型，包括教师、医生、街道办事处人员等。社会型的人适合与人合作、服务奉献。

5. 企业型活动

企业型活动包括说服他人、影响他人、指导他人等，你会发现所有经理或销售都属于企业型职业。企业型的关键词是领导、劝说、影响、掌控。

6. 常规型活动

常规型活动包括整理材料、做各种事务工作等。常规型职业包括会计、出纳、档案管理、操作员等。我们大都具有常规型的能力，像打字、整理资料、搜集数据等，这些是我们研究工作的基础，但是并不是所有人都愿意或者有能力去做这些常规型的工作。

你发现了吗？其实很多时候存在这样一个问题，就是，我们喜欢的，可能我们没有这个方面的能力；但是我们有能力去做的，很可能我们又不喜欢。那我们到底应该怎么来选择呢？

二、测试结果与职业选择

> 虽然我们做了几十年的研究，但预测个人职业选择最有效的方法，却是询问这个人自己想做什么。[①]
>
> ——霍兰德

① 转引自王明钦：《大学之道：我所认识的大学》，社会科学文献出版社 2015 年版，第 204 页。

很多时候我们只需要闭上眼睛静下心来，问问自己到底对什么感兴趣，就像我们上一节最后的作业那样：我们可以把自己很开心的一些事情都写下来，不要评判这些事情的好坏，追剧、打游戏、逛街、玩滑板都算，把它们全部都写下来。然后再总结一下自己的能力，你会做哪些事情，也一个一个地列下来。

然后，我们可以画一张思维导图，把这些兴趣可以从事什么职业写下来，把你的能力相对应的职业也写下来，找他们能够结合的地方。之后，最有用的验证方法就是去试一试。

如果你的兴趣太多，大可每个都试一下，看看到底哪个才能真正地当成职业，或者可以有更好的发展，或者说你在该领域中有天赋。

如果你感觉对哪个兴趣都不大，也有可能是你的能力没有达到，可以先找几个自己力所能及的去试一下，选其中那个做得最开心的，在里面寻求成长。

其实我们很多时候最大的误区就是把兴趣当成了职业兴趣，以及想要以自己所学的专业来决定未来的职业。实际上，我们上学最主要的不是学习知识，而是培养能力。

有一个同学曾经问我，他对某个方向感兴趣，应该去多看些什么书，学点什么课程。

我并没有推荐书或者课程给他，而是告诉他："你上研究生，老师在意的不是说你多学了几门课程，多看了哪些书，而是你有没有真正能做研究的能力。"

读研究生有两种路径：考试和保送。保送又分几种，一种是根据成绩，一种是你参加竞赛得到了比较好的奖项，或者是做研究项目发表了高水平的论文，还有可能组织了各种活动，是学生会的活跃分子。

其实这些都对应着你不同方面的能力，而你的学习成绩只是其中的一小部分。如果要对照的话，那么发表论文对应的是研究型的能力，参加竞赛很大程度上对应了实际型的能力，而组织活动就是企业型以及社会型的能力，当然也有专门艺术、体育生的通道，那就是艺术型的能力。

斯坦福大学青少年研究中心通过研究发现：12～26 岁的青少年中，只有1/5的人知道自己将来想做什么。所以你现在不知道想做什么都是很正常的，而且有大把的时间去尝试。

三、兴趣与执念

现实生活中，一个人可以有很多的兴趣，但并不是所有的兴趣都需要并且能够转化成梦想，你可以单纯地把它当作一个爱好。有时候，如果你非要把兴趣上升为梦想，觉得不达到就不罢休的话，反而会被梦想所累，丧失掉初心。

在电影《心灵奇旅》中，你会发现那些专心工作的人和沉浸在自己兴趣中的人可以得到心流从而到达一个地方,叫作“the zone”。在这个地方除了有这些忘我的灵魂,还有另外一类灵魂,他们整个被一团黑色的东西包围住了,像在地上寻找着什么,他们被叫作“迷失的灵魂”。这些迷失的灵魂各有各的执念,最终执念化为厚重的浓烟掩盖住了灵魂最本初的模样,他们一个个艰难跋涉在灵魂的荒漠之中。

很多时候人们可以体会到心流的快乐,但当这种快乐成为一种执念的时候,人就会和生命脱节,变成迷失的灵魂。电影中说,其实迷失的人和忘我的人非常像,只不过迷失的人太执着了,专注和热爱某件事可以创造心流,但是如果你一定要达到某件事,就会变成心魔。

心流能够让我们到达一种和快乐的境界,而心魔通常会抹掉目的以外的东西。

希望你能有一个兴趣可以让你沉浸其中,但是不要执着于它。人生不可能只有一种活法,你要追求的不是梦想,而是选择的权利。我们现在应该做的是多去发现自己的兴趣,多去练习自己的技能,发展自己的能力。

第三节 如何解读兴趣测评报告

一、兴趣与专业不一致

很多同学了解了自己的兴趣类型以后,反而变得更迷茫了。有的同学会说:“我的兴趣类型就不在我的专业上,我都读到研究生了再换专业好像有点来不及了,我该怎么办呢?”

其实你应该首先评估一下,你的专业和兴趣类型不统一,究竟是事实还是你的想象呢?

我们有一句俗语说:“当你是一个锤子的时候,看什么都像钉子。”但是实际上,问题往往出现于,当你是一个锤子的时候,你依旧看什么都不是一个钉子。也就是说,你根本没有注意到这个东西跟你所学的、跟你会的是相关的。

很多时候,同一个专业其实可以有许多兴趣类型,比如我们到医院碰到的护士可能有这样两种:一种技术非常好,打针快准稳,但是全程都面无表情,他追求效率,那他很可能是实际型;还有一种技术一般,但是非常的和善,会和患者交流,抚慰患者,那他可能是社会型。那么患者会更喜欢哪种护士呢?

我们来设想一下。如果面对的是一个小孩子,他们又好动又怕疼,那如果护士的技术不好,老是找不到血管,扎了一针又一针的话,那小孩子恐怕哭起来,一个病房的人都不得安宁,所以实际型的护士可能更加适合。而有些老人住院了，他们的痛觉不是那么敏感，但是却非常需要精神寄托，希望有人和他们聊聊天、说说话，一下两下扎不好也没关系，那这时候他们可能就更需要一个社会型的护士。

看到了吗，同样的工作，可能不同的兴趣类型都能胜任。像教师也是，我们如果看类型的划分的话，有的老师可能很愿意和同学交流，是社会型的；有的老师可能特别适合做科研，是研究型的；有的老师动手能力非常强，是实际型的；还有的老师，非常有创意，是艺术型的，但是说起工作来他们都是老师。也就是说你的兴趣类型，虽然在表格里对应的工作只有那么几个，但是我们可以不用被它局限住，可以去找相关的你能够做的事情。

二、对专业方向不感兴趣

另一些同学会说："我专业所有的方向我都不感兴趣，不知道该选择喜欢的职业还是做本专业相关的职业。"

其实兴趣并不是一成不变的，很多时候，你对工作感不感兴趣会受到外界环境的影响。斯坦福大学的心理学家卡罗尔·德韦克（Carls Dweck）曾经就提出了这么一个观点。她说，我们虽然一直被频繁地告诉说，应该追随你的激情或者追随你的兴趣。但是，如果一直宣扬需要寻找人生激情，那么结果呢？它其实是在暗示人们，如果你做了已经让你感觉像是工作的事情，那就说明你不喜欢它。但是他们的研究发现，激情和兴趣并不是被找到的，而是被培养出来的。[①]

人们通常会存在两种思维模式，一种叫作兴趣固定理论，一种叫作兴趣发展理论。兴趣固定理论说兴趣是天生的，假以时日就会被发现；而兴趣发展理论是说，随着时间的推移，任何人都可以慢慢发展，培养出兴趣来。卡罗尔·德韦克针对这两种思维模式做了一系列的实验。

首先，按学生本身测试出来的兴趣类型进行分类，分为了对数学和科学感兴趣的技术派，和对艺术和人们感兴趣的文艺派。然后给他们做了另一份问卷，来确定它们对兴趣会不会随时间改变这个观点的认可程度。测试完成后，让他们阅读一篇和他们的兴趣不符的文章，分给文艺派的是关于算法的文章，然而分给技术派的是关于当代哲学的文章。

结果发现，参与者越是赞同兴趣固定理论的，就对这个文章越不感兴趣。

另外，他们还做了一个试验——让这些同学去参加和他们本身兴趣不相关的一个讲座，也得出了类似的结论。

---

① 参见[美]卡罗尔·德韦克：《看见成长的自己》，杨百彦等译，中信出版社 2011 年版，第 51 页。

你发现了吗？如果只是一味地觉得自己就只有这个兴趣，那么你就可能错失了很多和其他的学科交叉的机会。

其次，实际上我们可以发现，有的时候我们可能在学校上了一堂课，听了一次讲座，或者跟别人谈了一次话，然后就会发现这个以前不了解的领域其实也很有意思，从而慢慢地会发展出另一个兴趣来。

电报里的摩斯电码的发明人摩斯原来是一个画家，他当时本来是去法国开画展，在从法国回去的邮轮上，听到别人谈起了现代电报的发展，从而发明了摩斯电码，从而促进了电报机的发明，开创了人类利用电来传递信息的历史。

三、兴趣是固定的吗

还有的同学说："我上研究生以后，导师给我分配了一个课题，但是我不感兴趣，就像导师非要把孩子给我带，我费心费力的，可是导师还觉得我带得不好。"其实你反过来想，老师都敢把自己的孩子让你去带，那说明他对你有着多么大的信任啊！我们不是应该好好利用这个机会和导师一起把这个"孩子"好好地养大吗？

如果你一直觉得这个是别人让我做的，而不是我想做的，把事情都当成任务，那很容易出现"疏离"。就是一个人一看就知道他状态不对，他虽然很努力，但你会觉得他很痛苦，没有享受这种状态。无论顺从还是反抗，他都没办法与周围的环境完美地融合在一起，没有沉浸在当下生活的一种感受。

与疏离相对应状态的是沉浸，就是心流的状态。

如果你做事情是自主的，有内在的动机，是你自己想做这件事情，那么你很容易出现沉浸的状态。但是，如果你是由一些其他的驱动去做一件事情，比如为了成绩或者证书去学习，或者为了工资去工作，你的状态就不对了，其他人也能够感受到你并不在状态。

1969 年，美国著名心理学家爱德华·德西（Edward L. Deci）做了一个行为实验，叫作索玛拼图实验。索玛拼图是由 7 个不规则的积木单元组成的，这些积木可以拼成一个 3×3×3 的立方体，有 400 多种拼法，通常用来锻炼空间思维能力。

索玛实验是这样做的：他找来两组实验者，然后对 A 组说，"你们只要拼出一种形式，就奖励一美元。"对 B 组说："大家拼拼看，我们没有奖励。"

等他们拼了一段时间以后，研究者说，我们需要整理一下现场，请大家到休息室去休息几分钟。休息室里边放着杂志、放着一些书，还放着索玛拼图。也就是说，他们在休息室的时间里边，既可以选择去看杂志、看书，也可以选择继续玩索玛拼图。

最后的结果是什么呢？非常明显的结果：给奖励的那一组，在休息时间不会去碰那个拼图。因为他们把这个拼图当作了任务、当作了工作，是外部的激励；而另一组没有奖励的人，在休息的时间里边，有很多会继续玩这个拼图，觉得这个东西有趣。

这件事情给我们揭示了一个非常有意思的结果——金钱会影响你的兴趣。如果你客观上定义了你的研究生工作或者以后的职业就是一份工作，需要给奖励才能做，那么一旦可以不做的时候，你就立刻停止不做了。

很多时候，不是爱一行干一行，而更多的应该是干一行爱一行。

四、有兴趣就够了吗

你要知道的是，其实只有两个东西能够帮助我们找到工作，它们是能力和资源。很多时候不是喜欢做某件事就可以了，就算是有兴趣，我们也得把兴趣转化成能力才行。

在我们读研期间，一方面可以发展自己专业能力，一方面可以发展自己兴趣方面的能力。专业方面的能力很多时候是专业知识方面的一些技能，你参加的一些选修的课程等等，而更多要用到的可能是你的一些胜任工作的能力，包括你的学习能力、责任心、抗压力的能力等等。

其实很多用人单位更加看重在学习和工作之外的、在方方面面都能用到的：做人的基本的一些能力，这些也是影响我们职业生涯的关键。

在资源方面，对于研究生来说其实更多的是应该去接触专业相关，或者是你想从事的职业相关的人，尤其是专家，可以多听听成功的学长和前辈的建议，并且积极地争取机会。平时接触学长和前辈的机会，除了本校地以外，还可以去参加一些讲座、会议、研讨会等等。几乎所有学校都会有各种各样的学术讲座，你可以去听你本专业的和其他专业你感兴趣的，说不定就能碰撞出什么交叉融合的想法呢。

发现问题的能力，其实是研究生非常需要培养的一个能力。就像我们这一节开头讲的一样，多去听听其他的方向都有什么样的问题，或者有什么样的理论方法，然后思考一下，这些和你的专业有什么可以融合的地方，经过一系列的这种探索以后，你就很容易养成一种问题意识。这也是促进科学研究兴趣的一种非常好的办法。

有很多学校也会有出国交流的机会，你可以去了解国外的研究所或者学校在做什么，以及他们在一些问题上有什么看法。你也可以思考怎样应用或者改进他们的一些方法。

希望你能始终对未知的领域保持好奇心，勇于去尝试新的可能性，在研究和学习中找到你的兴趣。我们前面说到过，兴趣就是我们内心动力和快乐的最终来源。我们的满足感、幸福感，往往来自从事某种活动并从中获得成就，而不是无所事事的单纯享乐，这其实也是工作原本的意义所在。

其实我们在政治课里学过，共产主义社会就是人们把工作当成第一需要。也就是说，如果所有人都能够把兴趣当成工作，或者把工作当成兴趣的时候，我们就达到了共产主义。

总结与实践

1. 总结

本章介绍了职业兴趣的概念、霍兰德职业兴趣的内容、如何阅读测评报告以及对兴趣的一些看法误区。

2. 实践

(1)找一个安静的时间和空间，回忆三个自己感到特别愉快的经历，这些事情可以让你主动投入并沉浸其中，做这件事情的时候你心无旁骛，甚至忘了时间的流逝，当你停下来的时候能获得极大地满足感。请尽量回想事情的细节，比如背景、要完成的任务、行动、结果、感受、相关的人等。

(2)进行霍兰德职业兴趣测试，看看你的测评结果与你刚才写下的最喜欢做的事情有相关性吗？有你愿意把兴趣发展成职业吗？为什么？

第九章　了解你的职业性格

我知道的东西谁都可以知道，而我的个性却为我所独有。[①]

——歌德

第一节　初识 MBTI 性格体系

一、相关概念

古往今来，人类在自我探索的道路上从未停歇。自知、自觉、自警、自省、自律，一系列思考与行动使得人类这个独特的生物群体在发展的道路上越走越远。

人的性格在婴孩时期便初显端倪，通常在青春期期间逐渐塑造成型，此后随着年龄的增长和阅历的增加，慢慢形成比较稳定的性格特征。应该如何理解"性格"这个伴随我们一生的特质呢？当前被广泛认可的定义是：性格是在对人、对事的态度和行为方式上所表现出来的心理特点，也可以说是一个人在对现实的稳定的态度和习惯化了的行为方式中表现出来的人格特征。性格具有三大特点，分别是：独特性、稳定性和丰富性。

在职业生涯规划的框架下，我们探讨的必然是更为聚焦的职业性格。职业性格是指人们在长期特定的职业生活中所形成的与职业相联系的、稳定的心理特征。我们在生涯规划的过程中进行自我探索、职业性格探索的部分是不可或缺的内容，因为清晰地了解自己的职业性格特点，可以帮助我们更好地认识到自己适合做什么类型的工作，或者在某些既定的场合中，我们应当表现出什么

① ［德］歌德：《少年维特的烦恼》，杨武能译，四川文艺出版社 2016 年版，第 94 页。

样的特征以适应环境的需要。这首先需要清楚性格分为哪些类型，而回答性格类型这个问题，前提是明确一个参照系。因为性格类型的划分有多种标准。也就是说，不同的学说有着不同的类型划分方式。下面给大家介绍几种比较有代表性的性格类型学说：

1. 人体四液学说

古希腊的希波克拉底将自然哲学家恩培多克勒的四根理论发展为人体四液学说。希波克拉底认为，性格类型与体液有关，体液有四种，分别是：多血质、胆汁质、抑郁质、黏液质。[①]

四液学说指出，人体内部的血液、黑胆、黄胆、黏液这四种体液以不同的比例组合，构成了人的不同的气质类型。具体表现为：血液占优势的称作多血质，其典型表现是性情开朗；黑胆占优势的称作抑郁质，其典型表现是性情忧郁；黄胆占优势的称作胆汁质，其典型表现是性情易怒；黏液占优势的称作黏液质，其典型表现是性情冷静。

2. 九型人格理论

九型人格理论又名性格形态学、九种性格，其性格类型划分为以及各性格类型的典型特征分别如下：

完美型——追求不断进步和完美，原则性极强；

助人型——温和友善，忽略自己而迁就他人；

成就型——喜欢权威，结果导向，好胜心强；

艺术型——追求独特，喜欢浪漫，敏感而情绪化；

智慧型——追求知识，享受孤独，沉默而长思考；

忠诚型——小心谨慎，尽心尽力，有较强的团队意识；

活跃型——追求快乐和新鲜感，善于享受生活；

领袖型——追求权力，有正义感，有极强的行动力；

和平型——不善拒绝，犹豫不决，温和不愿起冲突。

3. 性格色彩

泰勒·哈特曼（Tayler Hartman）以动机作为性格的核心驱动力，用四种颜色对性格进行区分：红色、蓝色、白色和黄色，红色代表勇往直前、蓝色代表完美主义、白色代表守护和平、黄色代表热爱快乐。

4. 心理类型

瑞士心理学家卡尔·荣格（Carl Gustav Jung）认为，人与人之间有许多差别并不是偶然发生的——相反，它们具有某些模式。人们生来具有各种偏好，

---

① 参见安晓良：《我知道你在想什么：八卦心理学》，清华大学出版社 2017 年版，第 38～39 页。

由此形成了不同的性格模式，卡尔·荣格把这些模式称为“心理类型”。荣格在19世纪初首次提出了人类心理活动的四种功能理论：感觉、直觉、思考、感情，将性格类型划分为八种，分别是：外倾思维型、内倾思维型、外倾情感型、内倾情感型、外倾感觉型、内倾感觉型、外倾直觉型、内倾直觉型。

二、理论基础

我们要重点介绍的MBTI性格类型体系，其理论基础正是荣格在《心理类型论》一书中提出的内—外向人格类型理论。嘉芙莲·谷嘉·布里格斯(Katherine Cook Briggs)和她的女儿伊莎贝·碧瑞斯·麦尔斯(Isabel Briggs Myers)将荣格的理论加以深入和发展，在荣格理论的基础上增加了行动方式维度，构建了MBTI性格类型的四维八极模型(见图9-1)。[①]

能量来源：extraversion	(E)	VS	introversion	(I)	外倾/内倾
接收信息：sensation	(S)	VS	intuition	(N)	感觉/直觉
处理方式：thinking	(T)	VS	feeling	(F)	思考/情感
行动方式：judgment	(J)	VS	perception	(P)	判断/知觉

图9-1　MBTI的思维八级模型

MBTI从能量获得途径、信息接收方式、信息加工方式、行动方式四个维度衡量人的性格类型偏好，每个维度有两个方向，一共组成十六种性格类型。根据能量获得途径分为外倾和内倾(E—I)，根据信息接收方式分为感觉和知觉(S—N)，根据信息加工方式分为思维和情感(T—F)，根据行动方式分为判断和知觉(J—P)。

1. 外倾—内倾维度

正如机器的运行需要通电，人要维持正常的活动则需要有充足的能量，而E—I维度正是区分能量来源的。所以说，外倾和内倾是给人群作出区分的最基本的一个维度，如果判断性格类型只能用一个维度来定义，我们可以把它看作是最合适的选择。外倾型和内倾型的主要区别，我们通过表9-1来进行对照。

---

① 参见[美]伊莎贝尔·迈尔斯、彼得·迈尔斯：《天生不同》，闫冠男译，人民邮电出版社2016年版，第48页。

表 9-1 外倾型与内倾型的区别

外倾型(E)	内倾型(I)
热情洋溢	冷静谨慎
生机勃勃、善于表达,喜欢用谈话的方式进行沟通	沉稳、不愿意主动表达,喜欢用书面的方式进行沟通
先行动、后思考,听、说、想同时进行,通过谈话形成自己的意见	先思考、后行动,先听、后想、再说,通过思考形成自己的意见
兴趣广泛,注意力容易分散	兴趣专注,注意力很集中
喜欢人多的场合	喜欢独自消磨时间
关注问题的广度	关注问题的深度
关注外部环境,能量来自对外界的相互作用	关注自己的内心世界,能量来自内心的思考和推理
用实际操作或讨论的方式能学得更好	用思考、在头脑中“练习”的方式学得更好

2. 感觉—直觉维度

在人的身上,存在两种截然不同的感知方式,这就是信息接收方式的两个维度:感觉与直觉。二者的区别比较直观也比较明显,倾向于用“感觉”来获取信息的人,会更多地运用自己的眼耳鼻舌身,也就是自己的视觉、听觉、嗅觉、味觉、触觉;而倾向于用“直觉”来获取信息的人,更多的是在无意识的状态下对外部环境中存在的各种信息进行加工,善于预判各种可能性。感知方式的不同,决定了个体发展的基本差异,随着这种差异的不断增强,个体会表现出越来越不一样的发展状态。感觉型和直觉型的主要区别,我们通过表 9-2 来对照。

表 9-2 感觉型与直觉型的区别

感觉型(S)	直觉型(N)
着眼于当下的实际,关注事实和实际存在的事务	着眼于未来的可能,关注事物背后的意义
谈话目标清楚、方式直接,思维连贯	谈话目标宏观、方式复杂,思维跳跃
观察敏锐,注重细节,喜欢从事实际性的工作	关注总体、未来,喜欢从事创造性的工作
对身体的感知比较敏感	更关注于自己的思想
以客观现实为依据	习惯用比喻、推理与暗示
现实、具体	富于想象力和创造性

续表

感觉型(S)	直觉型(N)
通过实际运用来理解抽象的思维和理论	希望在应用理论之前先能对其进行澄清
经过仔细周详的推理一步步得出结论，相信经验	靠直觉很快得出结论，相信灵感

3. 思维—情感维度

这个维度决定的是信息加工方式，也就是个体的决策方式。思维型的表现是通过逻辑判断得到结论，倾向于客观；情感型则是以自身的价值取向为判断依据，倾向于主观。需要特别澄清的一点是：这两种决策方式都属于理性的判断方式，不存在我们通常说的“理性”与“感性”的区别。像其他维度一样，在这个维度上，两个倾向也存在截然不同的差异：思维型的人注重对客观事实的分析以得出公平公正的判断；情感型的人则注重对意义的探究，更为重视其他人因为自己的决策判断而可能产生的情感体验。思维型和情感型的主要区别，我们通过表 9-3 来进行对照。

表 9-3　　思维型与情感型的区别

思维型(T)	情感型(F)
行为冷静、公事公办	行为温和、注重社交
善于运用分析，爱讲道理，运用因果推理，以逻辑的方式解决问题，关注事情的客观公平	善于体贴他人，富有同情心，受个人价值观的引导，衡量决定对他人产生的后果和影响关注个人感受与价值观
很少赞扬别人	习惯赞美别人
言语平实、生硬	语言友善、委婉
坚定、自信	犹豫、情绪化
遵照客观逻辑推理，寻求合乎真理的客观标准	倾向于主观想法与道德评判，寻求和谐的气氛和积极的人际交往
人际关系不敏感，可能显得不近人情	尽量避免矛盾和争论，可能显得心肠太软
原则、规范	价值、人情
认为公平意味着每个人都能得到平等的待遇	认为公平意味着每个人都被作为独特的个体来对待

4. 判断—知觉维度

最后一个维度的作用是区分行动方式，同时，该维度也体现了个体的生活方式偏好。判断型的人的个人空间和物品井然有序，做事情目标明确、条理清晰，喜欢秩序感、确定性和可掌控性。知觉型的人则喜欢不受约束的、自然随性的状态，他们更喜欢变化与可能性，喜欢新的体验，善于应对突发事件。判断型和知觉型的主要区别，我们通过表 9-4 来进行对照。

表 9-4 判断型与知觉型的区别

判断型(J)	知觉型(P)
正式、严肃、保守、谨慎	随意、自然、开放、灵活
做事情计划性强，习惯做决定、干脆利索	做事情比较随性，习惯拖拉、犹豫不决
条理清楚、计划明确，喜欢把事情落实敲定	缺乏条理、保持弹性，不喜欢把事情确定下来，以便保留更多的可能性
善于制定目标和计划，急于完成工作、实现目标	随时调整，喜欢开始一项新工作，经常改变目标，跟喜欢体验新鲜感
遵守制度、规则与组织	常常感觉到被束缚
按部就班的	不受约束的
尽力避免最后一分钟才做决定或完成任务的压力	最后一分钟的压力会使激发极大的潜力

三、性格类型

了解了四个维度以及在每个维度的不同偏好，用相应的代表字母表示，就构成了个体的 MBTI 性格类型。四个维度、八个偏好的组合如表 9-5 所示。

表 9-5 MBTI 性格类型

ISTJ 内倾感觉思维判断	ISFJ 内倾感觉情感判断	INFJ 内倾直觉情感判断	INTJ 内倾直觉思维判断
ISTP 内倾感觉思维知觉	ISFP 内倾感觉情感知觉	INFP 内倾直觉情感知觉	INTP 内倾直觉思维知觉
ESTP 外倾感觉思维知觉	ESFP 外倾感觉情感知觉	ENFP 外倾直觉情感知觉	ENTP 外倾直觉思维知觉
ESTJ 外倾感觉思维判断	ESFJ 外倾感觉情感判断	ENFJ 外倾直觉情感判断	ENTJ 外倾直觉思维判断

通过对以上四个维度的介绍，我们基本可以判断出自己的性格类型，也必

然能在表格中找到自己所属的性格类型。每一种性格类型都具备自己独有的特质，但相邻的两个类型之间，又存在一定的共通性。了解不同类型的性格特征，不但可以更加深入地了解自己，而且可以帮助自己更好地理解他人。

第二节　性格类型与职业方向

一、MBTI 性格类型的特点

通过对十六种 MBTI 性格类型的研究发现，可以将其分成四组特质组合，分别是 SJ、SP、NF、NT。每种特质组合包含四种性格类型，它们之间既有区别，又存在一定的联系。为了直观地展示不同性格类型和特质组合的关系，我们用表 9-6 来表示。

表 9-6　　MBTI 性格类型的特点

ISTJ 逻辑缜密型 稽查员　公务员	ISFJ 感性缜密型 保护者　护卫者	INFJ 感性愿景型 博爱者　指导者	INFP 洞察关顾型 哲学家　知心人
ESTJ 务实果断型 管家　督导	ESFJ 务实贡献型 主人　照顾者	ENFJ 洞察贡献型 教导者　教育家	ENFP 感性探索型 倡导者　启发者
ISTP 务实分析型 冒险家　手艺人	ISFP 务实关顾型 艺术家　作曲家	INTJ 逻辑愿景型 专家　战略家	INTP 洞察分析型 学者　科学家
ESTP 逻辑反应型 实干家　挑战者	ESFP 感性反应型 表演者　演示者	ENTJ 洞察果断型 统帅者　执行官	ENTP 逻辑探索型 智多星　发明家

1. SJ：*护卫者*

保守主义者，是忠诚的监护人，包括 ISTJ、ISFJ、ESTJ、ESFJ 四种类型。

拥有 SJ 特质的人，是“现实的决策者”，其优势在于部署，其弱势在于战略。他们有很强的责任心与事业心，喜欢解决问题，特别希望利用现有的资源和掌握的资料尽可能完美地把事情做好；他们具有较高的忠诚度，坚定、尊重权威和等级制度，秉持保守的价值观。他们乐于承担预警、幕后检查和监督等类型的工作，保证按时完成任务；他们关注细节，强调安全、礼仪、规则、结构和服从，严肃认真、不苟言笑，做事勤奋努力，兢兢业业，喜欢服务于社会需要。他们喜欢标准化操作和有明确的准则要求的事项；他们具有比较高的责任感、归属感和忠诚度，喜欢赏罚分明的上司及工作氛围。

2. SP：手艺者

经验主义者、享乐主义者，是天才的艺术家，包括 ISTP、ISFP、ESTP、ESFP 四种类型。

拥有 SP 特质的人，是“适应的现实主义者”，其优势在于机变，其弱势在于交际。他们具有冒险精神，且反应敏捷，可以说是一群在悬崖边跳舞的人。他们善于随机应变、处理不可预料性的事件，可以敏锐地发现危机并及时、妥善地处理危机。在对技巧性要求比较强的领域中，他们通常都能胜任。他们能够迅速处理大量的工作，解决实际问题，能够从容地应对突发事件，善于用自己丰富的知识来熟练处理事务并期待立即得到实际结果。他们喜欢追求自由和变化，具有较强的抗压能力。

3. NF：理想主义者

人群的精神领袖，包括 INFJ、INFP、ENFJ、ENFP 四种类型。

拥有 NF 特质的人，属于“热心而有洞察力”的群体，其优势在于交际，其弱势在于机变。他们在精神上具备极强的哲理性，善于赞美他人和能够敏锐地捕捉他人的微妙需求让他们长于培养和谐的人际关系。他们是善于言辩的、充满活力的、富有感染力的、能够影响他人的价值观并鼓舞其激情。他们具备帮助他人成长的天赋与能力，善于用“教导”的方式帮助他人，使得别人获得成长和进步。他们关注人生意义和自我发展潜能，通常在令人鼓舞以及和谐的环境中得到周围人群的认同和支持，同时令自己变得更加卓越。

4. NT：理性主义者

科学家和思想家的摇篮，包括：INTJ、INTP、ENTJ、ENTP 四种类型。

拥有 NT 特质的人，被认为是“有逻辑性且机敏”的，其优势在于战略，其弱势在于部署。他们希望在工作中能够处于领导地位，是为了在处理复杂问题时可以充分发挥自己的智慧和谋略，同时能够有机会运用自己的远见来制定长期战略。他们拥有强烈的好奇心，喜欢梦想，有独创性、创造力、洞察力，有兴趣获得新知识。他们有极强的分析问题、解决问题的能力，不喜欢按部就班和琐碎的事情。他们能够提出高质量的新观点，对自己和他人要求都很高，所以在很多情况下会显得缺乏耐心。他们关注自己的观点和成就被自己敬重的人重视。

以上是对四组特质组合的分析，一一扩展之后，我们来介绍十六种 MBTI 性格类型的具体特征(见表 9-7)。

表 9-7 十六种 MBTI 性格类型的具体特征

性格类型	主要特征表现
ISTJ	做事务实有序、逻辑性强、全神贯注地投入 严肃、安静、有责任心、值得信赖 一旦设定目标下定决心之后便百折不挠 重视传统与忠诚 他们的不足在于容易陷入细节之中，不会轻易接受新观念新思路
ISFJ	做事尽职尽责、忠诚度高、稳定性强 安静、善良、负责任 吃苦耐劳、精益求精、细致而有耐心 考虑周到、设身处地为他人着想、追求和谐的人际关系 有时候会陷入大量琐碎的细节中拔不出来，容易压抑自身的需求和情绪
INFJ	做事会尽到自己最大的努力 为人正派、意志坚定、原则性强 行事果断，有较强的目标导向 发自内心地关心他人却不动声色 具有较强的洞察力 对任何批评都会过度敏感，坚持原则，有时候不知道变通，拒绝改变
INTJ	立志高远，做事有强大的内生动力 善于透过现象看本质 具备较强的策划能力和执行能力 容易怀疑和挑剔，对专业水平及绩效要求高 具有较强的独立性和决断性
ISTP	善于观察分析以掌握问题核心并顺利找出解决方案 冷静的、留有余地的、弹性变化的 保持好奇、保持幽默 不足在于容易鲁莽、轻率、不耐烦
ISFP	做事不急不躁，注重过程和体验而非结果 忠实的追随者，安于现状 羞怯的、安静的、和气的、敏感的、亲切的、谦虚的、不争的 喜欢按照自己的节奏和程序办事 喜欢作短期规划，很少作长远打算

续表

性格类型	主要特征表现
INFP	做事具有弹性、有较强的适应力和承受力 具有理想性，希望外在生活形态契合内在价值观 好奇心强，能敏锐地发现机会 能激发他人的潜力 想做的事太多，有时候想法不着边际
INTP	习惯于通过逻辑分析解决问题 安静的、自持的、应变的、适应性强的 喜欢钻研科学理论 注重兴趣的发挥，热衷于创意性工作 不喜欢与人打交道，不喜欢聚会和闲聊，对他人的需求考虑不足
ESTP	喜欢且擅长解决具体的问题和麻烦，不喜欢冗长的概念和理论 容忍、务实，喜欢处理技术性的事务和易于见到成效的工作 喜欢运动，喜欢交结志同道合的朋友 愿意享受现在，不愿意为未来制定计划
ESFP	做事喜欢团队合作，善于处理人际关系 外向、和善、接受性强、乐于分享 热爱生命和物质享受 容易受到干扰和诱惑，自制力差，作决定不考虑后果
ENFP	善于解决难题和帮助有困难的任 热情洋溢、活力充沛、聪明、富有想象力 期望能得到他人肯定与支持 有较强的目的性和执行力
ENTP	善于应对挑战和未知事物，反应快、聪慧、富有策略 心直口快、善于激励他人 兴趣广泛且目标容易转移 善于解决难题，反而对常规性的问题缺乏足够的重视
ESTJ	做事注重权威性，有决断力且关注细节，喜欢即学即用 务实的，关注真实事件和事实真相 具有技术天分，不喜欢抽象理论 具有较强的组织管理能力，且有较高的做事效率 会忽略他人感受，容易批判他人，对他人的肯定和赞美比较少

续表

<table>
<tr><th>性格类型</th><th>主要特征表现</th></tr>
<tr><td>ESFJ</td><td>真诚的、善于表达的、受欢迎的、正直的，天生合作者及活跃的组织成员
善于沟通合作，注重维护和谐的氛围
喜欢受到鼓励和赞美，这样会获得更好的工作成效
喜欢做能给别人的生活带来有益影响的事情
容易局限于自己的职责和原则，变通性较差</td></tr>
<tr><td>ENFJ</td><td>热忱、易感应、负责任，喜欢带领别人且能激发别人或者团体的潜能
具有能鼓励他人的领导风格
用心关注他人的内在需求，且尽力帮助达成愿望
善于做组织、协调、沟通工作
爱交际、受欢迎、富有同情心
很在意别人对自己的态度</td></tr>
<tr><td>ENTJ</td><td>善于做长远的谋划和目标制定
是坦诚的和具有决策力的活动领导者
长于善于发展与实施广泛的系统以解决组织的问题
乐于经常吸收新知识且能广开信息渠道
容易过度自信，对别人的需求和情感不够敏感</td></tr>
</table>

二、性格与职业

结合 MBTI 性格特点，我们来看性格与职业的关联。

1. ISTJ

逻辑缜密型的稽查员、公务员，他们是特征最为最稳定的群体。他们适合的工作具备的特征是：需要关注细节，擅长进行逻辑和客观分析，能够有条理地、系统化地按时完成工作。需要有责任感，信守承诺、值得信赖。需要有严谨、勤奋、专心致志、有条不紊的态度和平稳的情绪。会计和书记员是最具代表性的职业。

2. ISFJ

感性缜密型的保护者、护卫者，他们的心智最为坚忍。他们适合的工作具备的特征是：需要从业者能敏锐地感知他人的情感，有超强的责任心。在工作中能感受到被别人需要的感觉，能够为他人提供实际的帮助。对细节有很强的记忆力，有很强的工作原则，工作严谨有条理、重视传统观念。秉持保守的理念，安静谦逊且严肃认真地对待工作和待人接物。

3. ESTJ

务实果断型的管家、督导，这个群体最为强势。他们适合的工作具备的特征是：需要从业者具备较强的逻辑性、擅长分析和判断，并且对真实有形的东西有更大的兴趣。需要其根据自己过去的经验或者他人的经验做决定，需要具备较强的原则性和自律性。可能热衷于商业、工业、生产、建造等行业，从事组织、管理和执行等工作。

4. ESFJ

务实贡献型的照顾者，是最热情周到的群体。他们适合的工作具备的特征是：需要从业者在工作环境中重视与他人的关系，比较健谈，善于与人沟通，待人友好和善、富有同情心和同理心。有机会为他人服务。要有强烈的责任心，态度传统而慎重，工作有较强的计划性、重视条理性、事实和细节，工作内容或者流程比较固定，较少变化，做决定时要依靠从业者自身或其信任的人的经验为依据。在医疗保健等可以为他人提供温暖服务的行业中，从业者多为此类型。

5. INFJ

感性愿景型的博爱者、指导者，这个群体的使命感最强。他们适合的工作具备的特征是：需要从业者在工作中精益求精、追求完美，坚持独立思考，重视灵感和创新能力，相信自己的想法和决定。忠诚度高，责任心强，喜欢且能够说服他人接受自己的观点。注重原则，比较缺乏灵活性和变通。

6. INFP

洞察关顾型的哲学家和知心人，这个群体最理想化。他们适合的工作具备的特征是：需要从业者敏感且忠诚，重视个人的价值和内在的平和，而不用注重逻辑关系。更多地关注可能性。要有开阔的思路，保持强烈的好奇心，有敏锐的洞察力，并且在日常生活中比较通融，具有较强的忍耐力和适应性，在意他人的情感。追求人际关系的和谐，尽量避免矛盾冲突。这个类型在咨询、教育、文学、艺术、科学研究和心理学等相关职业中有可能脱颖而出。

7. ENFJ

洞察贡献型的教导型、教育家，这个群体最喜欢教导。他们适合的工作具备的特征是：需要从业者看重人和关系，发自内心地关心他人，总能看到别人好的一面，具有理想主义者的特质。要看重自己的价值，有充分的精力和热情，有责任感谨慎且能够坚持不懈，在做决定的时候重视自己的感觉，关注现实以外的可能性，关注自身对他人的影响。这个类型在教师、职业生涯规划师、心理咨询师等职业中有很好的发展。

8. ENFP

感性探索型的启发者，这个群体最为乐观。他们适合的工作具备的特征是：需要从业者乐观、自然、热情，富有创造性和自信心，对可能性有强烈的兴趣，有敏锐的洞察力，时刻保持好奇，喜欢理解事物。同时具有充分的想象力、适应性和可变性，重视灵感，具有独创性的思想，注重维护个人关系，喜欢保持并善于维护广泛的关系。他们适合成为教师、艺术家、科学家、广告人、销售等，或者从事任何他们自己喜欢的职业。

9. ISTP

务实分析型的冒险家、手艺人，这个群体最喜欢用工具。他们适合的工作具备的特征是：需要从业者擅长分析、有较强的好奇心和观察能力，对技术性的工作有较高的天赋。对具体的事物很敏感，喜欢客观独立地作决定。安静而沉默，有较强的行动力。热衷于事件和应用科学，尤其是机械领域。也适合从事经济相关的工作，比如证券分析等。

10. ISFP

务实关顾型的艺术家，这个群体最具美感。他们适合的工作具备的特征是：需要从业者具有很高的敏感度，有耐心、好相处，善解人意，容易判断出他人的需求。拥有强烈的个人理想和价值观，对能够直接从经验和感觉中得到的信息非常感兴趣，有艺术、美学天分。

11. ESTP

逻辑反应型的实干家、挑战者，这个群体最能随机应变。他们适合的工作具备的特征是：需要从业者乐观积极、活泼热情、关注当下，相信感觉，好奇心强，很敏锐。喜欢探求新方法，倾向于通过逻辑分析作决定。重视行动不注重言语，喜欢处理各种实际问题。

12. ESFP

感性反应型的表演者，这个群体最为热情奔放。他们适合的工作具备的特征是：需要从业者热情、友好、慷慨，在人群中能很快获得别人的欢迎，要擅长交际、热衷参加活动，具有强烈的表现欲。重视尝试，喜欢搜集信息，相信感官带来的信息，喜欢有形的物品，对细节关注度高且记忆力强。

13. INTJ

逻辑愿景型的专家、战略家，这个群体最为独立坚毅。他们适合的工作具备的特征是：需要从业者在工作中追求完美，有较强的逻辑性和判断力，聪慧度高，有自己的风格的做事方式，高度自信，不容易受到他人的影响，果断坚决，具有创造性思维，有远见和洞察力，善于研究理论，善于做概念性工作，态度坚毅、百折不挠。这个类型适合从事科研、发明和机械设计等工作，也擅长处理数学问题。

14. INTP

洞察分析型的学者、科学家，这个群体的思想最深奥。他们适合的工作具备的特征是：需要从业者具备安静的独立思考能力，有较强的逻辑性，擅长处理概念性问题，有创造力，有批判和怀疑精神，对已知的东西不感兴趣，对未知领域保持强烈的好奇，工作中没有太多的人际交往。这个类型在科学、数学、经济学和哲学领域容易有所建树，也适合从事药品研发和试验工作。

15. ENTJ

洞察果断型的统帅者、执行官，这个群体最喜欢指挥。他们适合的工作具备的特征是：需要从业者擅长发现事物的一切可能性，并愿意指导他人实现梦想，逻辑性强，乐于吸收新知识，喜欢研究并解决复杂的理论问题，善于做需要推理和智慧的工作，严谨、计划性强，善于做长远规划。这个类型适合事行政、法律或技术等工作。

16. ENTP

逻辑探索型的智多星、发明家，这个群体最有创意。他们适合的职业具备的特征是：需要从业者热情聪慧健谈，具有很强的主动性和创造性，看重灵感，多才多艺，适应性强，擅长处理挑战性问题，不墨守成规，喜欢自由，能从日常事务中发现乐趣和变化，幽默感强个性乐观，有人格魅力。这个类型适合成为科学家、发明家、问题解决专家、营销专家等，或者从事任何他们自己感兴趣的职业。

每一种性格类型都有与之相适合的职业或职业群，了解了各种性格类型对从业者的特征需求后，逆向分析，便可以推导出具备这些特征的职业类型，以供自己结合其他因素作进一步的探索和筛选。

第三节　合理认识自己的性格

我们在做任何事情时，都有自己熟悉的、擅长的一面，也有自己不熟悉、不擅长的一面。正如我们的左手和右手，惯用右手的人不论是执笔写字还是持箸就餐，都是再自然不过的事情。如果骤然换作左手，便是各种不便。但是，如果我们刻意对左手进行训练，假以时日，左手在完成上述动作时也能运用自如。尽管如此，在突发情况之下，惯用右手的人仍然会不假思索地伸出右手。

对性格来讲，我们原本的 MBTI 性格类型和为了适应某些情境而表现出的性格类型就像我们的“右手”和“左手”。虽然我们可以通过人为控制和刻意训练来适应环境的要求，但要让自己在职场的表现更加得心应手，让自己收获更多地获得感和幸福感，一定是顺应本心的自然表达，而不是为了适应的刻意为之。

性格没有好坏对错之分,更无高低贵贱之别,性格之间只存在类型的不同和特征的差异。不同的性格类型可以告诉我们,自己的特点是什么、优势在哪里、有哪些弱点。MBTI 性格类型通过对四个维度不同偏好的确认来确定倾向,这种倾向和能力的强弱无关。所以,类型的不同、倾向的差异只代表者你在能量来源、信息接收方式、信息处理方式和行动方式上的偏好,代表着你更适应在什么样的职场环境中成长发展。同一种性格,在适合的环境和不适合的环境,一定会有不同的发展结果。了解我们性格的优势所在、了解与之适应的环境特征,可以帮助我们作出合乎自身实际情况的职业选择。当性格特点与职业需求达到最佳匹配时,我们更容易进入工作效率高、工作效果好的最佳状态。

我们可以采取不同的验证方式来确认自己的 MBTI 性格类型,以提高准确度。不论是自评类型还是报告类型,要看我们内心最认可哪个结果,自己乐于接受哪个,那才是和自己最匹配类型。除了发自内心的认可和判断,我们还要意识到 MBTI 性格类型的复杂性。丰富性是性格的特征之一,复杂性是人的特征之一,所以无法从单一维度去理解人和性格,每个维度之间都会对彼此产生影响,四个维度的有机结合才能全面地反映我们的性格特点。

荣格认为,每个人的性情特征都是与生俱来的,并且会伴随着人的一生。这正合了我国的一句古话“江山易改本性难移”。人的偏好是天生的,这也印证了性格具有稳定性的特征,但是为什么在某些情况下,我们在原本不适合的环境中也能有令人满意的表现呢?一方面是在后天的强化训练下个人能力提升的表现,另一方面是个体的性格特征不断发展不断完善的体现。

探索 MBTI 性格类型,不仅可以帮助我们深入了解自我,还可以在很多场合起到积极的作用,比如,学习模式、人际关系、婚恋与家庭、婴幼儿的早期教育、亲子关系以及我们一直围绕的核心:职业选择与职业发展。无论是其在社会各个领域的广泛应用还是对我自身发展的促进作用,都非常值得我们对其进行深入的研究。

总结与实践

1. 总结

本章介绍了 MBTI 为代表的职业性格的具体理论、内容、性格和职业的关系,以及应该如何看待自己的性格。

2. 实践

(1)做一次 MBTI 性格测评,看看自己测评报告里面的性格描述以往对自己的认识是否有不同之处，再邀请亲朋好友发表一下他们的意见，说说在他们眼里你都有哪些突出性格。

(2)假设你是团队负责人，从你的 MBTI 性格类型出发，你将如何发挥性格的优势、规避劣势，带领团队胜出？

第十章 找到你的人生指南针

人类不仅是会算计的理性存在，也是追求意义的感性—灵性存在。[①]

——弗雷德·考夫曼

在进行本章的内容学习之前，我想邀请你做一个思想实验：请回想一下你过去生命中认识的、了解到的、听说过的那些你欣赏、钦佩的人，然后思考他们每一个人物身上令你钦佩的关键性格特征是什么。

弗雷德·考夫曼[②]说："我曾经与成千上万人做过这一练习，我从未发现任何人所选人物的品质是权力、财富、青春、美丽、享乐或名气。绝大多数人的选择是自由、爱、韧性、坚持、努力、正直、利他、博爱等特征。"[③]幸福和满足感并非来自享乐，而是来自意义，来自对崇高目标的追求。

第一节 职业价值观的重要性

一、价值观

什么是价值观？就是什么是"对"、什么是"好"的判断事物的标准，对个人来讲，价值观从主观上影响着我们的决策和行为。

我们都知道，社会主义核心价值观是"富强、民主、文明、和谐。自由、平等、

---

① [美]弗雷德·考夫曼：《清醒·如何用价值观创造价值》，王晓鹂译，中信出版社 2017 年版，第 3 页。

② 弗雷德·考夫曼(Axialent)，联合创始人、谷歌副总裁和领导力发展顾问。

③ [美]弗雷德·考夫曼：《清醒·如何用价值观创造价值》，王晓鹂译，中信出版社 2017 年版，第 46 页。

公正、法治。爱国、敬业、诚信、友善”。这些价值观反映了我们国家和社会的建设目标，公民的道德规范。

价值观是标准，是文化的内核，也是人文精神的内核。它并不是中性的，而是带有指向性和裁决性的。[①] 处于相同的自然环境和社会环境的人，会产生基本相同的价值观，每个社会中有一些共同认可的普遍的价值标准。[②] 用这种标准人们可以判断自己或者他人的言行是否重要，是否符合自己的或者社会公认的某些原则。

任何一种价值观都对应着价值，也都包含对价值的判断。但是，进行价值判断却是很复杂的活动，它与人本身、人所处的环境以及人所具备的情感、知识、素质和格调都有关系。价值观通过人们的行为取向及对事物的评价、态度反映出来，是世界观的核心，是驱使人们行为的内部动力。

价值观渗透和体现在人们生活、生产、学习、工作和人际交往的方方面面。价值观是无处不在、无时不有、无人不存、无时不及的，但同时又很难直接用准确的语言描述。在日常生活中，我们常常对某些事物或对象发表看法，评论它们是否重要、是否正确、是否合理、是否可取、是否真善美、是否符合我们的意愿和原则，等等。我们作出这方面评价时所采用的内在的价值标尺，就是价值观。

二、职业价值观

彼德·德鲁克在《管理》[③]一书中曾说，一个人要想在组织中有所作为，应该了解自己的职业价值观，选择那些与自己的价值观至少可以共存的组织。否则，这个人不但会倍感挫折，还会一事无成。

如果我问你，你想要什么样的工作，你会如何回答呢？

有的同学说我想要一个钱多、活少、离家近的工作。可是，如果三者不能兼得，只允许你选择两项，甚至一项，你会选择什么呢？如果这三项都无法满足，你又希望工作给你带来什么呢？

我们可以作个换位思考：如果你是面试官，面对 A、B 两个在学历、资历等方面基本相同，但对工作的看法不同的人（见图 10-1），你会选择哪个？

职业价值观也叫“工作价值观”，是价值观在所从事的职业上的体现，是人们对待职业的一种信念和态度，或者在职业生涯中表现出来的一种价值取向。职业价值观表明了一个人通过工作所要追求的理想是什么，是为了财富，是为了地位，还是其他。职业价值观决定了我们对职业目标的追求和向往，决定着

---

① 参见宇文利：《中国人的价值观》，中国人民大学出版社 2013 年版，前言第 2 页。

② 参见杜耿：《如何有效管理自己：人性、生活与职业》，人民邮电出版社 2019 年版，第 87 页。

③ ［美］彼德·德鲁克：《管理》下册，辛弘译，机械工业出版社 2010 年版。

我们的"职业幸福感"。许多公司和猎头在面试候选人的求职动机时,探求得最多的就是对方的职业价值观。

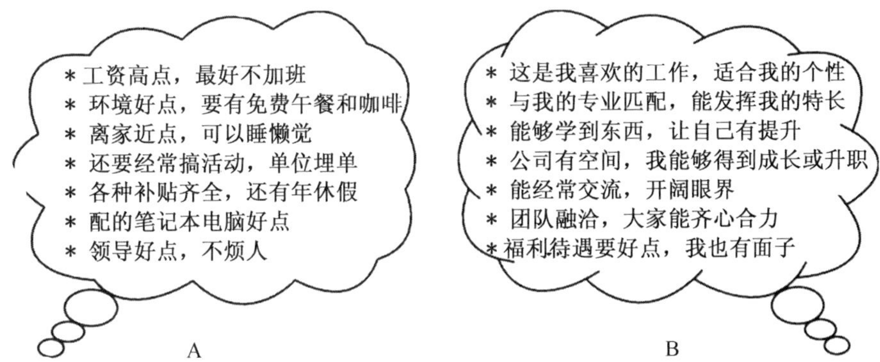

图 10-1 A、B 两人在学历、资历等方面基本相同,如果你是招聘官,你会雇佣谁?

在职场中,我们每个人的资源都是有限的,但是我们想要的东西总是希望越多越好。资源有限但需求无限,必然要求我们作出选择。而我们在选择的时候,内心都有一些自己独特的准则。什么最重要,什么次重要,什么不重要,这就是职业价值观在做梳理。

想要冲事业,但是又怕身体吃不消,到底冲不冲?

想升职,又受不得委屈、加不了班,怎么办?

想跳槽求高薪,但家人期望我稳定些,跳还是不跳?

我们身边充满了各种各样的选择,你要怎么选?你为什么会这么选呢?

案例

颜宁是世界著名的结构生物学家,专注在膜蛋白的结构与功能研究领域。因研究成果突出,获得过"杰出科学家"等多项世界级荣誉奖项。现任美国普林斯顿大学教授、博士生导师、清华大学生命科学学院兼职教授。美国国家科学院外籍院士,美国艺术与科学院院士。

她曾经在《开讲啦》节目中说过一个故事。某天,她的一个学生跑来问她:"颜老师,我有点不明白:你看你在学术界的地位,肯定比安迪在金融界的地位高,你的工作强度也比她大。你每天都在实验室工作到那么晚,多辛苦啊,可是你的收入比安迪低好多,你的衣服也不如她的漂亮。你付出这么多,得到的这么少,你真的没有感到不平衡吗?"颜宁盯着这位同学看了一会儿说:"那你觉得,她比我更幸福吗?"

三、价值观的特性

职业价值观有以下三个特性：

1.稳定性和持久性

社会主流会在一段较长的时期内对某种人或某种事物有一个固定的看法和评价。比如2000多年的封建历史时期，人们认为“万般皆下品，唯有读书高”，按照尊敬程度排序的社会身份是士、农、工、商。人们对于仕途之人更尊敬和认可，而对商人则一直有鄙视的看法和负面的评价。

对于一个人来说，价值观也有一定的稳定性和持久性。颜宁说她从初中的时候就非常好奇分子的结构，希望探索分子世界的奥秘，一直到她上清华大学、普利斯顿大学，再回到清华大学任教，这都体现了她的职业价值观：探索真实世界。

2.历史性与选择性

不同时代，不同社会环境中形成特定的价值观。一个人的价值观受社会、家庭、学校、新闻媒体、重大事件等影响会发生改变。

钱伟长被称为中国近代“力学之父”“应用数学之父”，为中国的机械工业、土木建筑、航空航天和军工事业建立了不朽的功勋。钱伟长考大学的时候中文历史都是100分，物理5分，数学化学加一起20分，被清华大学、交通大学、浙江大学、武汉大学、中央大学五所名牌大学同时录取。最后他选择进入清华历史系学习。但是入学第二天日本发动了“九一八事变”，蒋介石要求张学良不抵抗，原因是对方有飞机大炮。钱伟长听了以后十分愤怒，说：“没有飞机大炮怎么了，我们可以自己造啊。”在他看来，要想救国必须要掌握先进的科技知识，于是他决定转学物理。时任清华物理系的负责人吴有训不同意，毕竟钱伟长理科基础太差了，5分其实跟零分差不多。后来钱伟长软磨硬泡，争取到试读的机会，但被要求第一年每门课程考到70分才可以转专业。钱伟长想了各种方法，刻苦学习，最后以专业第一名的成绩毕业。后来到美国求学，研究论文受到爱因斯坦的赞赏。学成之后他毅然回国，报效国家。除了钱伟长，当时的很多学生都从文转理。据说，那年清华的物理系，因为“九一八事变”变得十分热门，新生中有1/5的人想进物理系。新中国成立后，国家急需科技人才，许多学生选择理工科作为自己的志向和未来职业方向，再比如2020年的新冠疫情之后，很多学生选择医学专业，立志从医。

这些都体现了职业价值观的历史性与选择性。

3.主观性

由于每个人的身心条件、年龄阅历、教育状况、家庭和环境影响以及兴趣爱好的不同，人们对各种职业的主观评价也不同。不同的人由于价值观不同，因而对具体职业和岗位的选择也不同。比如有人喜欢安全平稳的职业，有人喜欢离家近的工作，有人喜欢没有加班、压力少的工作。想知道自己到底要什么，就得了解自己的价值观是什么。

颜宁把解答生命的未知问题看作有价值和意义，而她的学生把收入和穿着看作一个职业好坏的标准。我们常说人各有志，这个志就是职业价值观。

世界上任何一种职业，都有人如痴如醉地投入其中，也同时有人恨不得立刻逃离。“甲之蜜糖，乙之砒霜。”同一份工作，有的人爱，有的人恨，不存在一种职业是全世界所有人都喜欢、都爱做的，也找不出一种职业是所有人都讨厌的。

认真审视自己的内心，找到你所看重的价值，发现工作的意义，工作就成了幸福的来源。

第二节 职业价值观有哪些分类

案例

一

小罗大学毕业后被录用为公务员，他满心欢喜，在人们心中公务员是个“金饭碗”，收入稳定、福利好，同学们都很羡慕他，他也觉得很有面子。然而报到后他被分到一个镇子上工作，这让他很失落，看到许多同学在杭州等大中城市工作，他觉得很没面子。虽收入稳定但小罗最终决定放弃现在的公务员职位，去考研究生。

小罗辞职回到母校复习功课，但没有考上研究生。他继续复习考试，这时经济上出现了困境，原先积攒的工资已经用完，他必须边打工边复习。于是，他应聘到一家民办学校工作，繁重的工作与复习应考的矛盾让他难以调和，他的第三次研究生考试又失败了。这时，他有种身心疲惫、力不从心的感觉，他迷茫，似乎看不到人生的希望，迷失了前进的方向。职业指导师与他进行了充分交流后，他逐步认识到，其实他最需要从职业中得到生活的安全感，其次才是面子和金钱。

后来，小罗应聘到一所公办学校工作。[①]

---

① 参见杜耿：《如何有效管理自己：个性、生活与职业》，人民邮电出版社2018年版，第88页。

二

小于的大学专业是机械制造，大学毕业后到省城郊区的一家国有机械加工企业做技术员。小于的霍兰德职业兴趣测评结果为 RIS。他说在大学时对两个月的金工实习和毕业设计感到十分享受，沉醉于这些学习和工作中，很有收获，也有成就感，特别是金工实习的作品还被师傅拿来做展品，让他十分自豪。

从小于的测评结果和大学学习的情况来看，到机械企业走技术员到工程师，再到高级工程师的职业道路比较适合他。然而，在这家机械企业工作了不到一年，他就辞去了工作，离开省城，回到了家乡，到一所职业学校任实习指导教师，工资还比以前每月少一百多元。

小于为什么会作出这样的选择？

他的解释是：在工厂工作每天穿工作服，总是满身油污，让人很没面子，而当教师每天可以西装革履，人们总是称他为“老师”，这让他感觉很好。

这种选择的背后实际上是小于的职业价值观在起作用：他更希望从职业中得到社会的认可，而不是金钱、财富、大城市的生活等。①

职业价值观不但决定着我们选择职业的方向，还会决定着我们就业后的工作态度、工作成绩和职业满意程度。所以了解自己的职业价值观非常重要。

人们对自己的职业价值观的认识常会出现一些错觉，初入职场的人的这种错觉会更多些，经常会把一些社会公众对职业的评价作为自己的职业价值观。例如：把社会公众对成功的认识和金钱、地位等作为自己的职业价值观。在趋同社会认识的时候，忽视了自我的心理所求，如安全感、人际氛围等。人们往往要通过一定的职业实践才能认识自我意识中真正的职业价值观。

如何判别哪些是自我真正的职业价值观，哪些是自我对社会公众认识的趋同？有句话是“当你失去的时候，才发现它的可贵”，价值观也是如此，当你拥有的时候可能并未觉得它宝贵，但是一旦你发现要真正失去的时候，才感觉到价值观对你的重要性。

根据不同的划分标准，人们对职业价值观的种类划分也不同。

美国心理学家洛特克提出 13 种价值观，包括成就感、审美追求、挑战、健康、收入与财富、独立性、爱家庭与人际关系、道德感、欢乐、权利、安全感、自我成长和社会交往。②

---

① 参见杜耿：《如何有效管理自己：个性、生活与职业》，人民邮电出版社 2018 年版，第 87 页。

② Milton Rokeach, *The Nature of Human Values*, Collier Macmillan Publishers, 1973, pp. 24-25.

我国学者张再生提出了三大类的分类方式：发展因素、保健因素和声望因素。发展因素指的是兴趣爱好、竞争、挑战性、提供培训、晋升机会、发展空间大等等，这些与个人发展有关的因素；保健因素指的是工资高、福利好、保险全、稳定性高、工作环境舒适、交通便捷、生活方便这些与生活相关的因素；声望因素指的是单位的知名度、单位的规模、权力、行政级别、社会地位等与职业声望有关的因素。从调研来看，学生的价值观越来越重视发展因素，对保健因素和声望因素重视程度因人而异，差别较大。[①]

价值观是一个复杂多维度的心理因素，对职业的选择和衡量有多种要素的参与，但是各要素的作用是不同的。

第三节　确定人生指南针的方法

前面介绍了职业价值观对我们的职业成功和职业幸福都非常重要，越早找到自己真正的职业价值观，越有利于职业的定位和发展。那么，如何明确自己的职业价值观是什么呢？

下面我们介绍四种探索价值观的方法：测评查询法、游戏模拟法、体验记录法和人物对标法。此部分建议你找一段安静、不被打扰的时间和地点，准备好笔和纸，一边阅读一边实践，相信你会有所收获。

一、测评查询法

我们前面提到的职业兴趣的霍兰德测评、职业性格的 MBTI 测评，某种程度上也是一种价值观测评。兴趣、性格是我们擅长的方式和喜欢的行为模式，它们在有些情况下会决定我们的价值观。另外还有 disc 测评、九型人格测评、优势测评等，都可以算作价值观的表现。

1. 非正式测评

下面是一个非正式地评估你的价值观的方法：价值观的“8 选 3”：

步骤 1：请仔细阅读下列每一个职业价值观：“利他主义、美感、智力刺激、声望地位、独立性、成就感、管理、经济报酬、社会交往、人际关系、安全感、舒适、追求新意。”试想获得和失去该价值观的感受是什么。仔细体会这个感受，并在里面挑选你认为最重要的 8 个，写下来。

步骤 2：如果公司结构发生变故，让你不得不失去其中 2 项，保留 6 项，你会选择失去哪 2 项？请从刚才的 8 项中用笔划去。

---

① 参见张再生：《职业生涯规划》，天津大学出版社 2007 年版，第 80 页。

步骤 3:假如这时,行业整体又发生了变故,让你不得不又失去其中 2 项,只保留 4 项,你会选择失去哪 2 项?请继续用笔划去。

步骤 4:假如此时,整个社会又发生了重大调整,让你不得不再失去其中 1 项,仅保留 3 项,你会选择失去哪 1 项?请用笔划去。

步骤 5:剩下的 3 项,就是你最核心的职业价值观。

以上方法是我们作为普通求职者通过简单自测方式,粗略了解职业价值观的方法。

2. WVI 职业价值观测评

对于专业的职业咨询顾问,会借助更多工具(比如 WVI 职业价值观测量表),配合一系列的面谈、测试等方法,帮助咨询者找到准确的职业价值观。

WVI 职业价值观测量表(WVI, work values inventory)是美国心理学家舒伯于 1970 年编制的,用来测量价值观——工作中和工作以外的——以及激励人们工作的目标。测量表将职业价值分为 3 个维度:一是内在价值观,即与职业本身性质有关的因素;二是外在价值观,即与职业性质有关的外部因素;三是外在报酬,共计 13 个因素:利他主义、美感、智力刺激、成就感、独立性、社会地位、管理权利、经济报酬、社会交际、安全感、工作环境、人际关系、追求新意。

WVI 职业价值观测量表具体使用方法和每个价值观的含义见书后附表 2 和附表 3。

量表测评法的好处是能够比较快速地帮助我们了解自己的价值观是什么,同时还可以让我们了解不同价值观之间的差异,有助于我们去了解别人。但是需要说明的是,任何测评都是概率统计学上的结果,是倾向性而不是绝对化的指标,只是提供一个参考。有的时候,测评结果和你对自己的认识不一样也没有关系,我们可以用后面的方法来作进一步的验证。

二、游戏模拟法

游戏模拟法是给出了一些场景,在这些场景下,我们做一些想象或者是体验式的游戏。

1. 江上沉船

想象一下自己正坐船经过一条很宽的江,你身上带着很多的包裹,每一个包裹就象征了一个价值观。请写下你所珍视的 7 个价值观,比如健康、美貌、诚信、才学、精美、荣誉、金钱等等,作为包裹的名字。忽然,船夫说不好了,船漏水了,赶紧扔掉 3 个包裹才能安全抵达对岸,否则我们的船就沉了。此时,你会作何选择呢?

2. 80 岁生日宴会

想象自己今天是 80 岁生日。许多人特意赶来庆祝你的生日宴会,在你心目中，这些人除了你的家人，你还希望谁来？如果这些人每个人说一句祝福和感谢的话，你期待他们说什么呢？

3．感动中国人物颁奖晚会

假如20年之后你被评为“感动中国人物”。组委会要写一段颁奖词给你，说明你为什么能被入选。你希望这段颁奖词是怎么写的呢？你做了什么事，取得了什么成果才获此殊荣呢？

4．价值观拍卖会

这个游戏最好是和几个好朋友一起玩。可以每人选择几个价值观作为拍品。游戏开始时，每个人发放1万元筹码，象征我们一生所有的时间、精力、财富。请一个人当主持人（主持人不能参与竞拍），提前让竞拍者了解拍品，制定好竞拍策略。然后主持人依次喊出拍品，出价高者赢得拍品。最后，大家分享一下这个过程的收获和体会。

三、体验记录法

一位辩手说：“一份工作究竟是不是你生活的负担，不取决于你工作的强度，取决于你对工作的感受。”

但是我们的感受很容易变化，也经常被忽略。记录是一个非常好的反思工具，它可以帮助我们可视化感受的来源、峰值、低谷，帮助我们将潜意识的看法显性化，对自己有更清晰的认识。表10-1是一个可以参考的“体验记录模板”，通过记录事情、情绪、反思自己开心的来源、原因，就可以发现我们的价值观。

表10-1　体验记录模板

日期	事件及行动	结果	开心（5分）	原因	后续行动

四、人物对标法

选择你非常欣赏的、愿意去向他们学习、成为他们的样子的榜样，分析他们吸引自己的原因，也可以帮助我们清晰自己的价值观。

同时，人物对标法还能让我们更好地找准自己的发展方向，快速提升、找到突破瓶颈的关键点。回想你身边认识的人，老人、亲戚、朋友、新闻人物，甚至小说、电影、电视剧中的人物，都可以是你对标的人物。

如果我们找到了这个人，从哪些方面进行对标呢？

可以借助金字塔模型(见图 10-2)从下到上分别是环境、行为、能力、价值观、身份和愿景。我们可以分析对标人物的这些方面,来更加深入地了解这个人的行为和他背后的价值观。

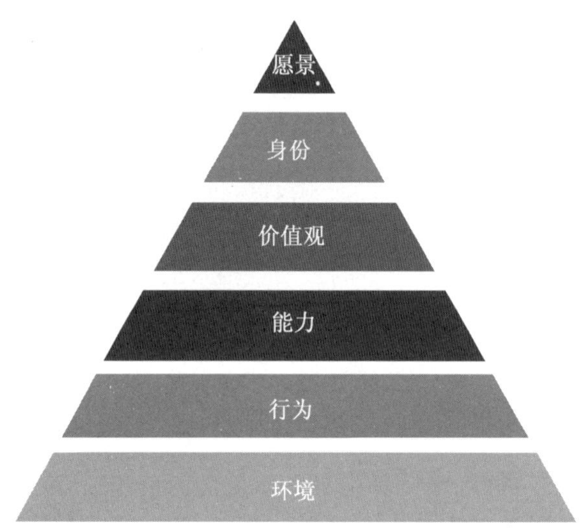

图 10-2　对标人物金字塔模型

假如你佩服的人是钟南山院士,我们来用金字塔模型对标一下。他出生在1936 年,抗日战争前期,医学世家,父亲是著名的医生(社会环境和家庭环境)。他考上了北京医学院(行为),1958 年的时候他在全运会上打破了 400 米栏的全国纪录,面临一个选择:是从事职业体育做一个运动员(能力),还是继续读医学成为一名医生(能力)。他选择成为一名医生(价值观)。1960 年,他从北京医学院毕业,后来又到国外进修,持续地在医学领域的训练让他成为呼吸科内科的临床医生、专家学者、科学家(身份)。他是中国科学院院士、广州医科大学附属医院的临床医学研究中心主任(身份)。他在"非典"战役和新冠战役过程中,第一时间奔赴一线,不畏生死。他说希望国家安宁,希望这个国家的人民免受传染病的痛苦(愿景)。

通过这样的梳理,我们就会对一个人有较为全面清晰的认识。他(她)身上吸引我们的品质,他们成为今天这个样子面临过的纠结、道路的选择,也会对我们更加有借鉴意义。

茨威格[①]在《人类群星闪耀时》里面说过这样一句话:"人一生最大的幸运就

---

① 茨威格(1881～1942),奥地利小说家、诗人、剧作家、传记作家。

是在年富力强的时候发现了自己的人生使命。"[①]莎士比亚说："愿你忠于自己，不舍昼夜(To thine own self be true ,and it must follow, as the night the day)。"[②]

总结与实践

1. 总结

本章介绍了职业价值观的含义、特性、分类；如何探索和清晰自己职业价值观的测评量表、工具和方法。祝你知行合一，早日确认自己的职业价值观。

当你迷失，或者想走得更高更远，都可以低头看看价值观这个人生罗盘。

2. 实践

(1)有同学问："什么职业能让我感到自我价值的同时又能保障不错的生活?"这个问题是哪几种职业价值观发生了冲突？你觉得应该如何回复这位同学的问题？

(2)运用本章的测评方法，你发现自己的职业价值观排序前三位的是什么？从价值观出发，你想到的有哪些职业可以实现？为什么？

---

① [奥]茨威格：《人类群星闪耀时》，彭浩容译，中国言实出版社 2004 年版，第 46 页。

② [英]威廉・莎士比亚：《哈姆雷特》，朱生豪译，译林出版社 2018 年版，第 260 页。

第十一章　破除内在限制性信念

在印度，大象是常见的用来搬运货物的运输工具。在大象不需要工作的时候，那些工人会用一根细细的绳子把大象拴在一根柱子上。相对于 8000 多磅重的大象来说，绳子实在是太细了，根本不足以把大象锁在柱子旁边，大象完全可以一脚挣脱绳子，离开这个地方。可是为什么大象会乖乖地站在那里呢？难道是这根绳子是一根拥有魔力的"魔术绳"？

本章，我们就来探索这根"魔术绳"的奥秘。

第一节　限制性信念是怎么回事

一、限制性信念含义

"魔术绳"与限制性信念有关。

信念（beliefs），指的是坚信不疑的想法，对某人或某事信任、有信心或信赖的一种思想。信念是情感认知和意志的有机统一体。简单地说，信念就是一个想法和观点，只不过这个想法是内化于心的，内化到我们通常会把这个想法看作是事实。信念决定我们的情绪、欲望、行动和习惯。

限制性信念，指的是所有信念中那些阻碍了我们人生获得成功、快乐、创造价值、实现美好生活的观念和想法。马克·吐温曾经说过："让我们陷入困境的不是无知而是确信无疑的谬误。"①

信念产生行为和行动，行为和行动导致结果。结果容易被看见，行为则不太经常被看见。动机和信念则很难被看见，不但难以被外人看见，有时候自己

① 转引自[加]乔丹·彼得森：《人生十二法则》，史秀雄译，浙江人民出版社 2019 年版，第 22 页。

也难以察觉(见图 11-1)。

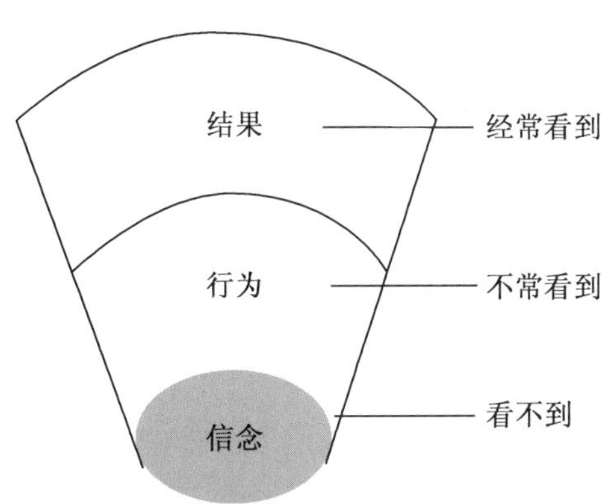

图 11-1　越重要的事情越不容易看到

人和人的不同,看起来是他们做事的结果不同,其实根本上是内在想法的不同,导致行动力和行动效率的不同。很多时候,事情的结果有问题,不一定是方法有问题,也可能是我们内在信念有偏差和局限的结果。

比如我们看图 11-2① 中的两个人。左边的人身材匀称,挺拔、灵活、有力量,右边的人身材臃肿、虚弱、迟缓、笨拙。请你判断,未来 12 个月内,哪一个人会在运动、饮食、睡眠方面投入更多时间呢?

图 11-2　内在信念不同的两个人

如果你投票给左边那个人,我们俩的意见一致:身材健美的人会更注重锻炼和管理身材。那么问题来了:为什么应该管理身材的人反而不注意,而看起来已经是完美身材的人反而更努力地辛苦锻炼呢?

用信念的原理可以解释:这两个人的内在信念有差异。左边的认为“自己

---

① 参见李善友:《第二曲线之组织心智:如何冲破创新中的内部阻碍》,在线课程,2020 年。

的身材还有可改进空间”，右边的人认为“自己现在的样子还不错”。两个人都去照镜子，看到的结果是左边的认为自己“应该继续提升”，右边认为自己“现在什么也不用做”。

阻碍我们职业决策的有两个重要因素，一个是内部因素，一个是外部因素。所谓内部阻碍因素指的是限制性信念；外部阻碍因素指环境条件、市场情况等。我们通常会把外部阻碍因素想象得过大，实际上这也是一种限制性信念。

传说有两个秀才外出赶考，碰到一个出殡队伍。秀才甲认为很晦气，情绪低落，放弃参加考试，打道回府了。秀才乙认为出殡就是升官(棺)，于是信心满满，发挥出色，最终高中举人。

在现实中，我们的限制性信念往往会带来非理性的行为、情绪等，最终导致职业生涯的困境，但归根结底，我们的阻碍来自内部因素。

二、限制性信念特点

1. 绝对化的要求

通常与“必须”“应该”“一定要”等强制性词语联系在一起，个体的这种绝对化要求反映出个体的不合理、走极端的思维方式。例如：“学校必须给我提供更多更好的求职机会”“我必须找到一个兴趣和收入都满意的工作”“公司应该主动来了解我的想法和需求……”

2. 以偏概全

以某个具体事件(阶段性、局部性)的结果对自己进行整体评价。例如：“这次考试没有考好，说明我这个人的学习能力很差”“这次面试失败，我肯定无法找到满意的工作了”“我最近在学习上缺乏动力，说明我是一个没有上进心的人”。这些想法都是典型的以偏概全。

3. 糟糕至极

预计一件事情的结果将会非常可怕，甚至是灾难性的。例如：“我这一次考试(面试)没成功，我的人生就完了”“我的这一篇论文不能发表的话，我就无法毕业，就再也不能过上幸福的生活了”。这种人往往会对事物作负面预期，最终导致自我情绪失调。

以上三种认知在职场中并不少见，很多人的职业生涯因此陷入困境。

我们可以一起来看看以下信念分别属于哪一个类型：

(1)“我向领导提了这么多建议，他都没有采纳，真郁闷。”

这个观点隐含了“我提了建议，领导就应该采纳”，所以是“绝对化”的信念。事实上，没有哪个领导是必须采纳下属建议的。而且因为视野不同，格局不同，你提出的建议未必妥当和有效。了解自己所提出的建议的不足之处，对自己更为有利。

(2)"我又被罚了,都是公司的规章制度不合理。"

因为自己一个人被罚,就认为公司制度不合理,是"以偏概全"的信念。公司的制度不可能针对某个人制定。

(3)"这单又飞了,我太倒霉了,我不适合做这个工作。"

这是"糟糕至极"的信念。自己是否适合做这个工作应当全面评估,仅凭一两次没有拿下单就下论断是不妥的。

(4)"恨'爹'不成钢!"

这句话完整的意思是:"因为别人有好爹,所以有好工作,而我没有好爹,所以发展不顺。一切都是因为没有好爹造成的。"这里既有"以偏概全",又有"绝对化"和"糟糕至极"的信念,即看到某些人靠家庭关系获得好的工作,而忽视了更多人靠自己努力成才的事实。同时,把有无家庭背景作为自己职业发展的唯一条件,反映了绝对化的一面。而没有家庭背景则"恨"之,是"糟糕至极"的另一种表现形式。

下面,请你辨析以下哪些想法属于限制性信念,它们又属于哪一类呢?

- 让世界变得更好是少数人的事,和我无关
- 一旦下了决定就不能再改变
- 我是一个内向的人,不擅长与人交流
- 每个人终身只有一个适合的职业
- 我的决策应该让所有人都满意
- 跳槽是不忠诚的表现
- 我必须对工作产生兴趣,才能把它做好
- 我必须准备充分,确保成功,否则就很糟糕
- 世界变化太快,"计划未来"没有意义
- 工作是实现自我的唯一途径
- 身为男人,我应该做有男性气质的工作
- 身为女人,我不必工作出色

如果你认为上述所有信念都是限制性信念,我们的观点一致。可以看出,限制性信念其实隐含了我们看待世界的方式,是世界观、价值观、人生观的体现。我们要觉察自己的限制性信念,分析其来源,才能在职场和生活中有所突破。

第二节 探究限制性信念的来源

一、大脑结构与工作机制

认知科学和脑科学的发展让我们越来越了解人类的思维来源，所以简单了解大脑结构和工作机制有助于了解我们限制性信念是如何产生的，在审视自我时做到心中有数，行之有方。

人类大脑分为三大部分：脑干、旧哺乳脑，大脑皮质（见图 11-3）。

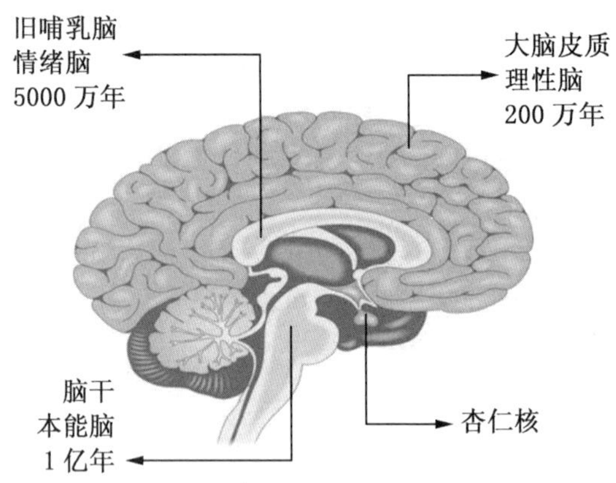

图 11-3 大脑结构与进化时间

如图 11-3 所示，最下面的部分是脑干（central call），也称为本能脑，掌管人类日常基本生存特征，包括呼吸、心跳、觉醒、运动、睡眠平衡、早期感觉系统等。从爬行类动物就开始产生脑干了，至今已经有 1 亿年的进化史。

脑干的上面是旧哺乳脑，也称为情绪脑、脑源系统（limbic system）。该部分负责行动、情绪、记忆处理等功能，另外还负责体温、血压、血糖等活动。情绪脑从哺乳类动物就开始有了，至今有 5000 万年的进化史。情绪脑有一部分叫杏仁核，是专门产生情绪识别、调节情绪，控制学习和记忆的脑部组织。动物实验中发现，如果刺激清醒动物的杏仁核，它就会陷入焦虑、恐惧、退缩，甚至发怒、攻击等反应。我们前面所讲的焦虑情绪，就是因为杏仁核的作用。

最外面是大脑皮质（cerebral cortex），也称为理性脑。这部分大脑负责人类高级认知和情绪功能。比如逻辑运算、推理、复杂问题的思考等。大脑皮质是高级灵长类动物才有的部分，至今只有 200 万年的进化史。

从反应和需求的角度来说，大脑需要先满足本能脑的需求，其次是情绪脑，最后调用理性脑。也就是说，人类需要先满足安全感、基本的生存需要，然后考虑满足愉悦、快乐的情绪需要，最后才会满足思考、逻辑条理的需求。当我们面临恐惧、生气、难过（情绪脑为满足）的时候，理性脑根本无法发挥作用。

限制性信念之所以强大，恰恰是有时候满足了低级脑的需要。比如“我是一个内向的人，不擅长与人交流”这种信念可以帮助那些不想与人交流的人有一个“保持现状”的借口，满足情绪脑的需要，带来确定性的安全感。

二、限制性信念的社会来源

除了大脑结构会造成限制性信念之外，还有五个社会环境来源会导致我们内在的限制性信念产生。

1.经验

限制性信念基本上都是通过经验形成的。我们每做一件事情就会有一个后果。通过多次的“行动—结果”模式，人们就会得出一个结论：我采取什么行动就会得到什么结果。

比如：我努力学习就可以取得好成绩——就可以选择自己想去的大学——就可以选择自己想读的专业——就可以得到更多的优质资源。于是就会产生类似于“只要成绩好，我就能得到我想要的”或者是“只要我努力，就一定能够比别人强”这样的限制性信念。再比如，有的同学跟陌生人交流的时候不知道如何破冰，想说话又不知道该说什么，中间会有冷场，感觉尴尬。所以，得出的信念是“我不擅长跟陌生人交流”。

甚至有的时候这种经验并不来自自己，而是来自别人，但同样会对自己造成一些信念阻碍。比如，看到其他同学面试了很多家都没有成功的时候，就会认为“我面试也一定不会顺利的”，自己还没有尝试，就觉得自己做不到了。

但是人们往往会忽略两个事实：“经验有适用性”和“人的能力是可以发展的”。当环境发生变化，对象发生变化的时候，经验便难以适用了。当我们专注的刻意练习之后，不擅长的能力也可以变为擅长。很多演讲大师，都是小时候非常内向，不善公众表达的人，经过长时间的针对性练习，才具备了演讲的能力。

2.教育

教育主要来自三个方面：家庭、学校和社会。家庭是最初的教育场所，父母是对一个人影响最大的教育者。很多父母都希望孩子能够生活、工作顺利，所以他们会有意无意地把自己的人生信念、经验传递给孩子。而有时候，父母的这种信念本身就是限制性的。

比如，过去我们国家的教育质量资源不足，很多人无法进入大学进行学习，学历比较低，在工作中可能会因为学历的原因错过了晋升和发展的机会。于是很多人认为学历是职业发展的必要条件，一定要孩子考硕士、甚至是博士才行。

社会上的一些不良思潮，也会带来限制性信念。比如过去曾有过“知识无用论”的思潮，认为学习不重要，知识和理论不重要，让很多人不再重视理论学习。

3. 逻辑

逻辑指的是人们作决定前，会先去评估自己需要投入的时间精力和金钱，计算可能得到的回报，并根据投入产出比是否合算来做决策。但是很多人关于投入与产出的计算是错误的，根本没有研究过计算依据是否真实可靠，得到的结论当然不正确。

比如有的同学认为，高收入的工作才是好工作。这个逻辑错误是把收入当作工作的唯一回报。但实际上，工作对每个人来讲，除了物质回报，还有精神回报、个人成就感、兴趣满足、自我实现等方面的回报。

通常来说，高收入的同时意味着高投入、高要求，工作强度、工作时长和复杂性都要求较高。如果只看到工资收入这个唯一收获，而没有计算自己在工作中需要投入的部分，只是单纯地说工资高的工作就是好工作，就是一个错误的逻辑。

4. 借口

很多时候，人们用错误的逻辑形成一个信念，为的是给自己停止行动找一个借口。

比如有的同学很努力地看文献、做实验、分析结果，最终写完了一篇论文。但是投出去之后很快得到了“拒稿”的结果。于是，这些同学就得到一个结论：“我不适合做科研。”这个结论就是一种借口，把自己的结果进行了合理化。如果这种借口反复用，它就变成了一个信念，就会限制我们找到解决问题的办法。

5. 恐惧

限制性信念的重要来源是恐惧。大脑结构也告诉我们：当负面情绪较大时，大脑皮质就会停止思考。

比如有的同学说我不敢找导师交流，担心导师批评我。这里面可能就存在：“导师对我的进度总是不满意”“导师的要求很难达到”这样的想法。但是越是担心害怕，越不敢找导师，交流和学习的机会就越少，问题被解决的机会少，就越不利于学习上的进步。

恐惧还包括面对不确定性、没做过的事情、没遇到过的困难就往后退缩。尝试得少，练习得少，能力当然就弱，能力弱就更不敢尝试，这样的负循环就会演化成限制性信念。

国产动画电影《哪吒之魔童降世》当中就可以看到限制性信念的故事：哪吒

很小的时候，非常活泼可爱，他并不觉得自己是坏孩子，因为不知道魔丸这回事。但是村民都知道，所以当哪吒想去跟小朋友一起玩的时候，被村里的孩子扔菜叶子、扔鸡蛋欺负（经验）。陈塘关百姓的歧视、排斥，嘲笑和敌对（社会教育），让哪吒认为“我是坏人”。于是他接受了自己是个魔丸的“现实”，干脆做恶作剧让村民每天都很害怕、紧张。

另一个限制性信念的人物是吃了灵珠的龙王三太子敖丙。他其实天性善良，但是他一直被他的龙王父亲告知自己是龙族的后代，属于妖族，难以逃出大海，永远没有升天之日（家庭教育）。所以敖丙虽然吃了灵珠，但是他认为自己是妖，永远不能成为神。这是敖丙的限制性信念。

哪吒的生活经验，敖丙受到的教育，还有他们两个其实一开始都有恐惧和借口，让自己的行为合理化。

我们已经知道了限制性信念来自哪里，那么如何消除呢？

第三节　解除思维禁锢　放飞潜能

案例

在某精神病院里有一个病人，他相信自己是僵尸。精神病院的医生尝试用各种方法告诉他“你不是僵尸”。有一个医生大胆地用针扎了一下他的手指，指给他看：“你的手指在流血，如果你是僵尸的话，是不会流血的。”没想到，这个病人竟然惊呼：“天哪！原来僵尸也是会流血的！”

医生的努力白费了，病人仍旧执着于自己的信念。

这位医生没招了，于是请来了另外一位医生。这位医生了解完情况后，用几句话就把这个病人治好了，他是怎么做的呢？

他对病人说：“听说僵尸也会流血的，对吗？”病人点点头。

他继续说：“既然僵尸可以流血，那僵尸也可以吃饭，对吗？”病人又点点头。

他接着说：“既然僵尸可以吃饭，那僵尸是不是也可以工作啊？”病人又点点头。

他又说：“既然僵尸可以吃饭、工作，那僵尸是不是也可以结婚生子、看电影、旅行？”病人仍旧点点头。

这样的话，僵尸的生活不就跟普通人一样了？

就这样，这个自己给自己命名为僵尸的病人，出院之后，过着跟普通人一模一样的生活。①

① 参见黄启团：《改变人生的谈话》，中信出版社 2021 年版，第 251 页。

这个案例中，这位医生没有试图改变病人“我是僵尸”的信念，而是把他的信念导向了另外一个结果——僵尸也可以像正常人一样生活。

限制性信念难以破除的原因是：人们会把自己的“信念(想法)”当作是事实，既然是事实，自然无法改变。所以，要想改变一个人执着的信念，只有一个途径，那就是用他的信念来改变他的信念。也有的时候只要一个人意识到自己认为的事实仅仅是一个“想法”时，就为改变打开了一个空间。

一、新冠疫情抗战的启示

2020 年 1 月，武汉爆发新型冠状病毒感染肺炎，全国人民和武汉人民一起投入了这场抗疫战斗。

1 月 23 日，武汉市决定由中建三局牵头火速建设火神山医院。1 月 24 日，项目入场挖掘机 95 台、推土机 33 台、压路机 5 台、自卸车 160 台，160 名管理人员和 240 名工人集结完毕。1 月 24 日除夕当天，上百台挖掘机抵达火神山医院项目现场，一座小土山被连夜铲平，累计平整场地 5 万平方米，相当于 7 个足球场大小。而建起这座建筑面积 7.5 万平方米、拥有 1500 张床位的大型医院却仅用了十余天。①

“这几乎是不可能完成的任务!”专家表示，这样规模的医院按照常规建设至少要 2 年，搭建临时建筑都得 1 个月，更何况还有一个两倍于火神山医院体量、工期却与之相当的雷神山医院。

施工过程中有数百家分包单位、上千道工序、4 万多名建设者统一协调、密切配合，确保规划设计、方案编制、现场施工、资源保障无缝衔接、同步推进。在 24 小时“云监工”的注视下，火神山医院、雷神山医院拔地而起——这是与疫情赛跑的“中国速度”，是把不可能变成可能的“神级作品”，看不到一点儿限制性的影子。

为有效防止新型冠状病毒感染的肺炎传播，党中央、国务院在专家的建议下，作出“封城”的决定，武汉在 1 月 23 日关闭了机场、火车站等对外通道。要求市民无特殊原因，不要离开武汉。

但是同时，全国各地的医疗援助队逆向而行，奔赴武汉，支援武汉的救治工作。与援助队一起地还有武警官兵、新闻工作者人、制造业工人、快递员、科研工作者，以及武汉当地的参与抗击疫情的各职业人士，共同谱写了一曲生命赞歌。

你有没有想过，面对病毒，面对危险，这些人为什么没有借口、放下恐惧，选

---

① 参见《一线员工讲述：火神山雷神山医院如何极速建成》，https://baijiahao.baidu.com/s?id=1657804171038111964&wfr=spider&for=pc，2020 年 2 月 7 日。

择勇敢地面对疫情在一线工作呢？因为任务重、工作强度大，许多人不眠不休，超过了身体的极限，可他们为什么从来没有“我不行”“我做不到”这样的想法呢？

原因其实很简单，因为他们心系国家，心系他人。他们选择做一名光荣的战士，为了帮助国家解围救难，为了人民早日脱离病毒侵袭，所以他们不怕牺牲，敢于付出。

可以看到，当一个人把他的职业和国家命运结合在一起，和他人的美好生活结合在一起，相信自己的工作能够为国家和人民贡献力量，他就能破除那些所谓的限制性信念。

二、两位院士生涯的启示

杂交水稻之父袁隆平院士曾经说过：“我最大的梦想有两个，一个是水稻生长得又高又大，我能在禾下乘凉；第二个是杂交水稻覆盖全世界，让人们免受饥饿之苦。”为了这两个梦想，他从技术员做起，持续工作 70 多年，不但解决了中国的粮食问题，还帮助非洲许多国家培养杂交水稻人才。

袁隆平去世前的两个月，他还在海南试验田里工。他去世后，20 世纪 80 年代出生的网友说：“袁爷爷，从我出生起，就没有挨过饿。”以告慰他的在天之灵。

我国的肝胆外科专家吴孟超院士，从医 70 年，救治 16000 多名肝胆病人，自主创新 30 多项重大医学成果，国内 70％的肝胆外科学术带头人都是他的学生。他还创建了我国肝脏外科理论基础，使我国肝脏疾病的诊断准确率、手术成功率和术后存活率都达到了世界领先水平。

吴孟超一生面临过很多次这样的选择：有的手术难度很大，失败率很高。不做手术，他还是妙手回春的专家；做手术，一旦失败就会让他名誉受损。但是吴孟超说：“我的名誉算什么？治病救人是我的天职。”他在 92 岁高龄的时候还坚持每周做两台手术、每周出诊。他说：“院士可以退休，医生无法退休。”

2021 年 5 月 22 日，吴孟超院士与袁隆平院士在同一天去世。在他们的遗体告别仪式上，都有成千上万的普通民众赶来敬献鲜花。在网上，也有数以万计的网友留言，表达对他们的敬意和感谢。

一个人，因为一份职业做得好，得到人民群众的爱戴，是不是既成功又幸福？

回到我们本章最初的大象和魔术绳的故事。8000 多磅重的大象之所以被一根细绳子牢牢地拴住，是因为大象在很小的时候，印度人就用这根细绳把小象拴在柱子旁边，那时候的小象没有力量挣脱这根绳子，在一次又一次的努力失败之后，小象就具有了“我无法挣脱这根绳子，我只能待在原地”的限制性信念。虽然身体长大，力量增强，但是因为限制性信念未变，于是就被困在原地。

但是我们不是大象，我们是受过多年高等教育的、有思考能力、行动能力和研究能力的高级知识分子。当我们能够看到拴住自己的那根细绳子，我们有了改变命运的机会。如何跳出当下的困境呢？想一想疫情中英雄的普通人，想一想两位院士的所思所做所说，你会发现：唯有热爱，能够带我们穿越阻碍，突破限制性，实现自由、美好、伟大的职业理想。

> 孩子们，这世界上不缺乏专家，不缺乏权威，缺乏的是一个"人"——一个肯把自己给出去的人。当你们帮助别人时，请记得医药是有时穷尽的，唯有不竭的爱能照亮一个受苦的灵魂。[①]
>
> ——吴孟超

总结与实践

1. 总结

(1)限制性信念的含义：那些阻碍你创造更大价值、实现美好生活的观点和想法，都属于限制性信念。

(2)限制性信念产生的社会性原因：经验、教育、错误逻辑、借口和恐惧。

(3)如何破除限制性信念：有意识地觉察和觉知结合国家的需要、社会的需要和人民的需要，树立自己的职业使命、正确的职业价值观，就能实现伟大的职业抱负。

2. 实践

(1)反思你的生活和学习中的限制性信念有哪些，它们是如何形成的？如何破除它们？

(2)选一位你佩服的职场人士，询问他在职业发展过程中遇到过哪些困难，面对困难他是如何想、如何做的？换位思考，如果是你，会作出什么样的选择和行动呢？

---

① 转引自张晓风：《念你们的名字》，浙江文艺出版社 2014 年版，第 77 页。

第十二章 与情绪共同起舞

第一节 情绪是如何产生的

《老子》第六十八章云:“善为士者,不武;善战者,不怒。”真正的勇士不会杀气腾腾,善于打仗的人不用气势汹汹。强者让思维控制情绪,而弱者用情绪控制思维。真正的强者,是喜怒不形于色的人。能否做好情绪管理关乎一个人的事业成败甚至一生的幸福与否。每个人都要学会合理地处理自己的情绪,做自己情绪的主人。

一、情绪的含义

人类在不断地认识和改造客观世界时,会产生高兴、愤怒、悲哀等一系列复杂的心理现象。我们把这种人对客观事物是否满足自己的需要而产生的态度体验及相应的行为反应叫作“情绪”。

一般来说情绪产生有两方面原因:其一是遗传生理因素,其二为个体信念和思考问题的方式。首先,客观情境会影响情绪,所处的环境不同,情绪也极可能不同。此外,情绪与期望相联系,若期望过高,目前所处客观情境达不到,则极可能带来消极情绪。所以说“快乐”往往等于“能力减去期待”。情绪还取决于个体对事件的看法,不同的人看待事物的角度不同,产生的情绪也可能不同。一个人的情感反应,不管是好的还是坏的,其实并非针对其周围的某个人或某件事,而是针对其心中的想法。

二、情绪的影响

在日常工作及生活中,相信大家会有这样的体验:

高兴时神清气爽，工作效率高、反应快；

悲伤时食欲不振，工作效率低、反应慢；

忧虑时辗转难眠，做事心不在焉；

惊慌时心脏乱跳，头脑一片空白；

愤怒时热血冲头，习惯性肆意发泄；

……

显然，情绪会对我们身体的内部功能产生一定的影响。

第二节　和你的情绪做朋友

要和情绪作朋友就要努力做好情绪管理，那么我们为什么要做好情绪管理呢？

许多人至今仍对情绪的重要性认识不足。仅仅把情绪活动看作是内外部条件所引起的感情变化，是一种无关紧要的、暂时的精神状态，任其自然，很少进行有意识地控制与调节。

然而，人是感情动物，人的思维、处事常受感情的牵引。因此，如果不能正确认识到自己的情绪，并对情绪进行疏导、调节与控制，往往会产生难以预料或不可挽回的恶劣后果。就连文学作品中类似的例子也有很多：范进苦读高中举人，亲眼看到喜报后，竟因欢喜过度而发了疯；王朗被诸葛亮一顿痛骂之后，盛怒之下竟跌马倒地毙命。所以人们应当学会疏导、调节与控制自己的情绪。这就是情绪管理，也就是所谓的“先处理心情，再处理事情”。

情绪是可控的，一个能把情绪管理好的人将会有更多的机会和无尽的可能。

一、情绪和情商

情商，简称 EQ，是由美国的心理学家在 20 世纪 90 年代首次提出。情商是指一个人在情绪方面的管理能力，是指个人对自己情绪的把握和控制，对他人情绪的揣摩和驾驭，以及对人生的乐观程度和面临挫折的承受能力等。

研究者从有关 EQ 的研究中发现，与生活各层面息息相关的“情商”，指的是我们个人在情绪方面的整体管理能力。具体说来，情商包含以下五种能力：

其一，能认识自身的情绪，并能在生活中利用情绪作出正确的决定。

其二，能妥善管理自己的情绪，而不是成为情绪的奴隶，既不会因沮丧或焦虑而意志消沉，也不会因愤怒而丧失理智。

其三，能自我激励，能面对挫折咬紧牙关挺住，能为了最后的目标疏导自己一时的冲动。

其四，能认识他人的情绪，能与别人共鸣，能站在别人的角度理解别人的感受，不需要别人告诉就能读懂别人的感情。

其五，能和谐而有技巧地处理人际关系。

二、情商对职业生涯的影响

情商决定人的命运。一份有关调查报告披露，在“贝尔实验室”，顶尖人物并非是那些智商超群的名牌大学毕业生。相反，一些智商平平但情商非常高的研究员往往凭借其丰硕的科研业绩成为明星。其中的奥妙在于，情商高的人更能适应激烈的社会竞争局面。

心理学家经过长期的研究后得出结论：人生的成就至多只有20％归功于智商，另80％则受情商因素的影响。婚姻、家庭、社会关系，尤其是职业生涯，凡此种种人生大事的成功与否，均取决于情商的高低。这就是为何现在人们特别注意培养“情商”的原因。

情商就是指一个人在情绪方面的整体管理能力。所以，提升情商最直接的就是要学习情绪及情绪管理方面的知识，并有意识地去努力实践。

三、合理情绪理论

合理情绪理论又称“ABC理论”，是由美国临床心理学家艾利斯(A. Ellis)提出的。

合理情绪理论认为，在人们情绪的过程中有三个重要的因素：诱发情绪发生的事件(activating events)、人们对诱发事件所持的相应的信念、态度和解释(beliefs)和由此引发的人们的情绪和行为的结果(concequences)。因此，合理情绪理论又简称为“ABC理论”。

该理论认为，激发事件A只是引发情绪和行为后果C的间接原因，而引起C的直接原因则是个体对激发事件A的认知和评价而产生的信念B，即人的消极情绪和行为障碍结果C，不是由于某一激发事件A直接引发的，而是由于经受这一事件的个体对它不正确的认知和评价所产生的错误信念B所直接引起的。

错误信念也称为“非理性信念”。合理情绪理论认为，对事件正确的认识一般会导致适当的行为和情绪反应，而错误的认知往往是导致一个人产生不良情绪的直接原因。

那么会带来消极情绪的罪魁祸首B，也就是不合理的信念都有哪些类型呢？

第一种是绝对化要求。例如，我必须找到一份怎么样的工作、我一定要怎么样，还有天生如此、应该、绝不可能、总是……

第二种是过分概括化。例如，全部、所有、全都、没有一个……

第三种是糟糕至极的想法。比如，彻底失败了、世界末日到了、全完了……

其实这些不合理的信念也是有途径转化为合理信念的，具体转化思路为：

将主观臆测转化为客观事实，将情绪困扰转化为愉快生活，将难于实现转化为快速达到目标，将经常陷入他人的麻烦转化为不介入他人的麻烦，将情绪困扰持续时间相当长，造成不适反应转化为阻止或很快消除情绪冲突。

四、理性情绪 ABCDE 模型

接下来介绍的理性情绪 ABCDE 模型，将非常有效地帮大家进行情绪改善。它的基本步骤见图 12-1：

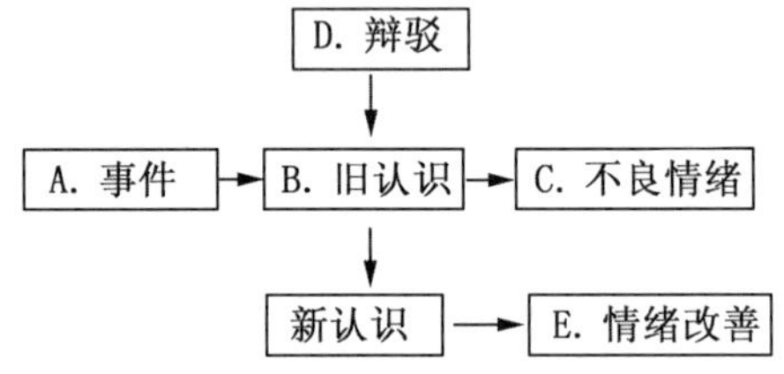

图 12-1 理性情绪 ABCD 模型

事件+旧认识带来了不良情绪。为了消解改善不良情绪，你需要对旧情绪进行辩驳，从而带来新认识，带来情绪改善。反复进行对旧认识的辩驳，将不合理信念转化为合理信念即可有效改善情绪。

实例演示

同事说好的邀请我吃饭，但又失约了，这人太不讲信用，我好生气，以后再不与他交往了。

我们从客观事实、认知想法以及情绪感受三个方面来分析一下：

原来不合理的想法逻辑是"同事答应请我吃饭，但又失约、分明是故意耍我，太欺负人了，以后再不与他交往了"，所以就带来了愤怒、难过的情绪。

而我们对原来的不合理想法进行辩驳后，得到的新结果为："朋友没有请我吃饭，可能是他太忙了，或有其他更重要的事耽搁了，可以理解他，下次要让他补上。"

这样就将负面情绪慢慢消解了。同理，在以后的工作生活中，同学们也要学会用这种方式进行情绪的调控。

第三节　情绪管理其实并不难

想要做好情绪管理，首先便是察觉自己的情绪：当我们产生情绪时，表示生活中有事件刺激而至引发警报。与此同时，若我们能察觉到情绪的产生并认知情绪的种类，便可以延缓情绪瞬间的爆发，并有针对性地管理。因此，我们要时时提醒自己注意："我现在的情绪是什么？"特别是当我们发现到自己情绪异常时，要特别警觉。

情绪如同潮水，有潮涨就有潮落。有很多人以为，在情绪冲动时等待其退潮是一件很难的事，一定需要巨大的毅力与意志。其实不然，把握情绪有时甚至只需要短短的几分钟和很简单的几个行为。所以，当情绪冲动时，只要我们懂得先冷静分析把握住自己不盲目采取行动，就可以避免许多的麻烦甚至不幸。

情绪管理可分为治标和治本两个方面。治标可以采用转移注意力、合理发泄、自我激励等方法，治本可分为冷静三思和改变思考方式、调整心态等方法。

一、治标三法

转移注意力就是把注意力从引起不良情绪的事情转移到其他事情上，这样就可以使人从消极情绪中解脱出来，从而激发积极、愉快的情绪反应。如：画画、游戏、打球、下棋、听音乐、看电影等。

合理发泄情绪是指在适当的场合，用适当的方式，来解除心中的不良情绪，发泄可以防止不良情绪对人体的危害。比如，适当地哭一场、进行适当的运动、痛快地喊一回、向亲朋好友倾诉衷肠等。

自我激励指的是用正面积极的语言，给自己正面的心理暗示。比如要说"我很棒，我能行"，而不说"我不差，我办不砸"。因为前者在你自己的大脑中种下的是成功的种子，你的潜意识会指挥你去"成功"；而后者种下的是失败的种子，你的潜意识会给自己设置"失败"的栏杆。

二、治本

冷静三思，指面对事件时不急于做出反应，先冷静思考，切莫急躁。给情绪反应以缓冲时间，有时不良情绪常来源于片面的想法。冷静三思即可最大限度减少想法片面给自己带来的不良影响。

改变思考方式，消极的思考方式往往带来情绪的困扰，而积极的思考方式往往可以把事情带向好的方式发展。有时换个想法、换个思路，对事物的看法就很可能不同，对事件的处理也很可能不同，情绪反应往往也不同。

通过治标的改变心情以及治本的调整心态，相信大家都能慢慢学会合理调控情绪，不为情绪所困。

总结与实践

1. 总结

本章主要介绍了情绪的含义、功能、情商的概念和对职业生涯的影响。介绍了一种情绪管理理论：合理情绪理论，及情绪管理的技巧。

2. 实践

用 RET 自助技术完成对自己情绪的分析与改进。具体做法：在纸上写出最近引起你情绪波动较大的事件 A、结果 C（情绪）。写出自己关于这个事件的信念 B，对比不合理信念，重新认识自己的情绪反应，同时通过思辨给出合理的信念以及可能的新的情绪及行为反应。

第十三章 融洽和谐的人际关系

场景一

在职工餐厅里，第一碗稀饭免费供应，而你已经将它吃完，这时你想向餐厅大姐要求增添不用再付费的稀饭，你要怎么做才会成功呢？

带入思考，这个时候可以有甲、乙两种做法：

甲方法为和工作人员说："大姐，你为什么这么小气，只给我这么一点稀饭？让我吃不饱，再给我一碗稀饭，不用给钱的那种啊！"

乙方法为和工作人员说："姐，您煮的稀饭实在太好吃了，所以我一下子就吃完了，好想再吃第二碗！希望您能再满足我一下呀。"

你觉得哪一种更可能成功呢？

场景二

假如你是老板，你的员工面包大师傅拿现烤面包出来让大家试吃，口感很好但造型不佳，身为老板的你该怎么回应？

甲方法为和大师傅说："以你这样差劲的造型一定卖不掉，我找别人来教你！"

乙方法为何大师傅说："你的面包好吃极了！我想找别人来向你学，而且你们也可以一起研究面包的各种造型，你看如何？"

同样，这次你觉得哪一种更可能成功呢？

第一节 你是哪一种人际关系

显而易见，两种情景下，皆为乙方式更容易成功。造成不同结果的，即为人际交往的方式不同。

在生活中我们经常看到，有的人空有满腹学问，却无法与人共事，没有人乐意给他机会工作，这样的人又怎能发挥优势、展现才华呢？

所以，成功是15%的专业技能，加上85%的人际关系。这也体现出人际关系在职场中的重要性。

一、人际关系的定义

在社会学中，将人际关系定义为人们在生产或生活活动过程中所建立的一种社会关系。

在心理学中，将人际关系定义为人与人在交往中建立的直接的、心理上的联系。

生活中常指人与人交往关系的总称，也被称为“人际交往”，包括亲属关系、朋友关系、学友（同学）关系、师生关系、雇佣关系、战友关系、同事关系及领导与被领导关系等。

人际关系是人们在交往中心理上的直接关系或距离，它反映了个人寻求满足其社会需求的心理状态。

人际关系具有个体性、直接性和情感性的特点。

二、人际关系的三维理论

美国学者舒茨以人际需要为主线提出了人际关系的三维理论，他称自己的理论是基本人际关系取向（FIRO）理论。其要点有以下四部分：

第一，个体都有三种基本的人际需要，这三种分别为包容需要、支配需要以及感情需要：

（1）包容需要指的是与他人接触、交往、相容；

（2）支配需要指的是控制他人或被他人控制；

（3）而感情需要指的是爱他人或被他人所爱。

第二，人际关系需要决定个体与其社会情境的联系，如不能满足可能会导致心理障碍及其他严重问题，如精神崩溃。

第三，对于刚刚提到的三种基本的人际需要，人们有主动表现和被动表现两种形式，二者互补。

第四，根据人际需要和表现形式，人际关系的取向有六种。这也就引出了六种人际关系取向。根据人际需要和表现形式，六种人际关系取向分别为：主动包容式、被动包容式、主动支配式、被动支配式、主动感情式以及被动感情式。

（1）主动包容式指的是主动与他人交往，积极参与社会生活；

（2）被动包容式指的是期待他人吸纳自己，往往退缩、孤独；

(3)主动支配式指的是喜欢控制他人,能运用权力;

(4)被动支配式指的是期待他人引导,愿意追随他人;

(5)主动感情式指的是表现对他人喜爱、友善、同情、亲密;

(6)被动感情式指的是对他人显得冷淡,负性情绪较重,但期待他人对自己亲密。

人际关系重要性主要体现在以下几个方面:人际关系是人的基本社会需求、人际关系可助人自我了解、人际关系可达到自我实践与肯定、人际关系可用以自我检定社会心理是否健康。

三、人际关系的类别

有关专家研究,把人际关系分为了八种类型:

主从型:一方处于支配地位,另一方处于从属地位。

需要注意的是,主从型是人际关系类型中最基本的一种,几乎所有的人际关系都有主从性因素。

合作型:双方有共同目标,为了达到这一目标,彼此能配合和容忍对方。

竞争型:双方为实现各自目标常常竭尽全力,因而充满活力;由于竞争时间长,又使人感到筋疲力尽。

主从—竞争型:这是一种混合型的人际关系。双方相处中,有时是主从型、有时是竞争型的人际关系,这种变换使双方难以适应,往往无所适从。这是难以相处的人际关系。

主从—合作型:这是一种互补与对称的混合型人际关系,双方在其中能和谐共处。如果其中合作因素超过主从因素,则关系更为融洽。

竞争—合作型:这指双方在这种人际关系中,时而竞争,时而合作。为维持这种类型的人际关系,双方需要保持一定的心理距离,避免交往过频。

主从—合作—竞争型:这种混合型的人际关系兼有三者的特点,矛盾较多,双方易于陷入困境。

无规则型:此类型较为少见,特点是双方关系毫无规则,不清楚要做什么。

四、人际关系的四个阶段

1. 定向阶段

定向阶段包含着对交往对象的注意、抉择和初步沟通等多方面的心理活动。在此阶段,其时间跨度随不同的情况而不同。

比如相见恨晚的人,定向阶段会在第一次见面时就完成。而对于有经常的接触机会而彼此又都有较强的自我防卫倾向的人,这一阶段要经过长时间沟通才能完成。

2. 情感探索阶段

这一阶段的目的,是彼此探索双方在哪些方面可以建立真实的情感联系,而不是仅仅停留在一般的正式交往模式。

3. 感情交流阶段

人际关系发展到感情交流阶段,双方关系的性质开始出现实质性变化。此时双方人际关系安全感已经得到确立,因而谈话也开始广泛涉及自我的许多方面,并有较深的情感卷入。

4. 稳定交往阶段

在这一阶段,人们心理上的相容性会进一步增加,自我暴露也更广泛深刻。在实际生活中,很少有人达到这一情感层次的友谊关系。许多人同别人的关系并没有在第三阶段的基础上进一步发展,而是仅仅在第三阶段的同一水平上简单重复。

第二节　融洽人际关系这样建立

案例

秀才买柴

有一个秀才去买柴,他对卖柴的人说:"荷薪者过来!"卖柴的人听不懂"荷薪者"即"担柴的人"的意思,但听得懂"过来"两个字,就把柴担到秀才面前。

秀才又问:"其价如何?"卖柴人还是听不太懂,但是懂"价"这个字,于是告诉秀才价格。秀才接着说:"外实而内虚,烟多而焰少,请损之。"意思是你的木材外表是干的,里面是湿的,燃烧起来,会浓烟多而火焰少,请降些价。卖柴的人由于听不懂秀才的话,于是担起柴就走了。①

耕柱和墨子

春秋战国时期,耕柱是一代宗师墨子的得意门生,不过,他老是挨墨子的责骂。有一次,墨子又责备了耕柱,耕柱觉得自己真是非常委屈,因为在许多门生之中,大家都公认耕柱是最优秀的人,但他又偏偏常遭到墨子指责,让他面子上很过不去。

有一天,耕柱愤愤不平地问墨子:"老师,难道在这么多学生当中,我竟是如

---

① 参见李元授主编:《人际沟通训练》,华中科技大学出版社2014年版,第151页。

此的差劲,以至于要时常遭您老人家责骂吗?"墨子听后,毫不动肝火:"假设我现在要上太行山,依你看,我应该要用良马来拉车,还是用老牛来拖车?"耕柱回答说:"再笨的人也知道要用良马来拉车。"墨子又问:"那么,为什么不用老牛呢?"耕柱回答说:"理由非常的简单,因为良马足以担负重任,值得驱遣。"墨子说:"你答得一点也没有错,我之所以时常责骂你,也只因为你能够担负重任,值得我一再地教导与匡正你。"①

看完以上两个故事,我们发现,卖柴人正是因为没有办法和秀才进行有效的沟通才浪费了一次卖柴的机会。耕柱由于和老师进行了有效沟通,了解了老师的良苦用心,而老师也意识到了自己要与学生多进行沟通,这样才能避免误解,师徒之间的关系才变得更加融洽。可见人际沟通在实现个人目标过程中多么重要。

人际关系一直是职业生涯中一个非常重要的课题,特别是对大企业的职场人来说,良好的人际关系是舒心工作安心生活的必要条件。如今的高校研究生毕业生,绝大部分是独生子女,刚从学校里出来,自我意识较强,在来到社会错综复杂的大环境后,更应在人际关系维度调整好自己的坐标。

沟通是人际关系中非常重要的一部分,它是人与人之间传递情感、态度、事实、信念和想法的过程,所以良好的沟通指的就是一种双向的沟通过程。

沟通过程中可能因沟通者本身的特质或沟通的方式而造成曲解,因此传送讯息者与接收者间必须借着不断地回馈,去确认双方接收及了解到的是否一致。

一、人际沟通和人际关系的相互作用

人际关系与沟通,彼此影响。两者可以互补,却也相互克制。

人际关系良好,往往沟通就会比较顺畅;同样,沟通良好,也能够促进人际关系的和谐。反过来说,人际关系不良,就会增加沟通的困难;沟通不良,促使人际关系变差。

二、人际交往的原则

良好人际关系的建立往往有六个原则:尊重原则、真诚原则、宽容原则、互利合作原则、理解原则及平等原则。

1. 尊重原则

尊重包括两个方面:自尊和尊重他人。

---

① 参见戴丽君编:《应用管理学》,北京理工大学出版社2017年版,第140页。

2. 真诚原则

只有诚以待人，才能和他人产生感情的共鸣，才能收获真正的友谊。

3. 宽容原则

在人际交往中，免不了会产生一些矛盾冲突，要学会宽容别人，退一步海阔天空。

4. 互利合作原则

人际交往永远是双向选择，双向互动、互利合作才是硬道理。

5. 理解原则

理解是成功的人际交往的必要前提。

6. 平等原则

与人交往应做到一视同仁，不要嫌贫爱富，不能因为家庭背景、地位职权等方面而对人区别对待。

三、职场人际关系

职场人应避免的七种社交病态心理：

1. 自卑心理

有些职场新人容易产生自卑感，甚至连自己也瞧不起自己。他们缺乏自信、缺乏胆量、畏首畏尾、随声附和、没有自己的主见。如不克服这些自卑心理，会伤害到自己的独特个性。

2. 怯弱心理

怯弱心理主要常见于涉世不深、阅历较浅、性格内向、不善言辞的人。由于怯懦，即使他们认为正确的事，经过深思熟虑之后仍不敢表达出来。

3. 猜疑心理

有些人在社交中或是麻烦朋友办事，往往爱用不信任的目光审视对方，多心猜疑，捕风捉影。

4. 逆反心理

有些人总喜欢与别人对着干以说明自己创新立异。对任何一件事情不论是非曲直，别人说好他就认为不好，别人说对他就说它错，这样极容易使别人产生反感。

5. 作戏心理

有的人把交朋友当作逢场作戏，朝秦暮楚，见异思迁，处处应付，爱吹牛和说漂亮话，与人只见过一面，就会说交往有多深。这种人与人交往只是做表面文章，因而没有感情深厚的朋友。

6. 冷漠心理

有些人对各种事情只要与己无关，就冷漠看待，不闻不问，或者错误地认为言语尖刻、态度孤傲，就是“人格”，致使别人不敢接近自己，从而失去一些朋友。

7. 贪财心理

有的人认为交朋友的目的就是“互相利用”，见到对自己有用、能给自己带来好处的朋友才交往，而且常是“过河拆桥”。这种贪图财利、沾别人光的不良心理，会使自己的人格受到损害。

要想处理好职场人际关系，六个法宝分别是：自信、微笑、诚信、实干、虚心以及平稳的心态。

四、职场中常见人际关系的处理方法

1. 对上司：先尊重后磨合

任何一位上司（包括部门主管、项目经理、管理代表等），既然在该职位上，至少有某些过人之处。他们丰富的工作经验和待人处世方略，都是值得新人学习借鉴的，我们应该尊重他们精彩的过去和骄人的业绩。

但每一个上司都不是完美的。

所以在工作中，唯上司命是听并无必要；但也应记住，给上司提意见只是本职工作中的一小部分，尽力完善、改进、迈向新的台阶才是最终目的。要让上司心悦诚服地接纳你的观点，应在尊重的氛围里，有礼有节有分寸地磨合。不过，在提出质疑和意见前，一定要拿出详细的足以说服对方的资料和计划。

2. 对同事：多理解慎支持

在办公室里上班，与同事相处久了，肯定会对彼此之间的兴趣爱好、生活状态，都会有一定的了解。

作为同事，我们没有理由苛求其处处体谅自己。在发生误解和争执的时候，我们要多站在对方的立场上为对方着想，理解一下对方的处境，千万不要情绪化。任何背后议论和指桑骂槐，最终都会在贬低对方的过程中破坏自己的形象，而受到旁人的抵触。

对工作我们要拥有挚诚的热情，对同事则必须选择慎重地支持。支持意味着接纳人家的观点和思想，而一味地支持只能导致盲从，也会滋生拉帮结派的嫌疑，影响公司决策层的信任。

3. 对朋友：善交际勤联络

俗话说：树挪死，人挪活。在存在激烈竞争的现代社会，铁饭碗不复存在，一个人很少可能终其一生只在同一个单位。

所以多交一些朋友很有必要，所谓朋友多了路好走。因此，空闲的时候要多和朋友联络，给朋友通个电话、发个微信，哪怕只是片言只语，朋友也会心存感激，这比邀上大伙同吃共饮更有意义。

4. 对下属：多帮助仔细聆听

在工作生活方面，只有职位上的差异，人格上都是平等的。在员工及下属面前，我们只是一个领头带班而已，没有什么了不得的荣耀和得意之处。帮助下属，其实也是在帮助自己，因为员工们的积极性发挥得愈好，工作就会完成得愈出色，也能让你自己获得更多的尊重，树立更开明的形象。

聆听更能体味到下属的心境和了解工作中的情况，为准确反馈信息、及时调整管理方式提供翔实的依据。

总结与实践

1. 总结

本章主要介绍了人际关系的定义、三维理论、类别和人际关系交往的原则，以及职场中如何处理常见的人际关系。

2. 实践

(1)思考自己当下所具有的人际关系网络，思考未来一年里如何融洽自己与身边人的人际关系？

(2)从职业发展的角度出发，思考自己应该拓展哪些人际关系，如何拓展？

第十四章　下一步该走向何方

《中庸》有云："凡为天下国家有九经，所以行之者一也。凡事预则立，不预则废。言前定则不跲，事前定则不困，行前定则不疚，道前定则不穷。"[①]

在几十年的职业生涯中，我们可能会很多次地提出这个问题："我应该向哪个发展方向去努力，我应该以什么为奋斗目标？"这就是职业目标的问题。

第一节　目标清晰就是前进力量

一、目标的意义：目标就是力量

因为工作关系，我接触到一位本科生，他对我说："老师，我最大的职业理想是成为一名经济学家，为这个社会的经济发展有所贡献。所以我希望能在大学里做老师，或者到科研院所进行研究工作。作为一名经济学学者，每天研究最前沿的新知识、新理论，就是我最幸福的事。"他每次说起他的理想，都兴致盎然、动力满满！

经济学硕士毕业后，他选择了继续攻读环境经济学博士，毕业后应聘到国内一所著名高校工作，如愿地成为一名大学老师、科研工作者。这期间，他一直在努力地做研究、做课题，博士毕业第五年，他 33 岁时，文章在国际顶级期刊 *Nature* 上发表，成为领域内大家比较认可的研究者。

其实，他的成长之路也遇见很多迷茫，也付出了很多努力却依然看不到未来的日子，但他在这条路上依然坚持积累，因为他目标坚定，从未动摇。

最近五年来，我们在持续做这样一件事：在毕业生毕业时，邀请毕业生同学

---

① 《大学・中庸》，王国轩译注，中华书局 2006 年版，第 110 页。

撰写他们的就业故事。当我看到上百个毕业生个案的时候，我被他们的精神所深深地感动：无论这些同学最终选择继续深造读博，还是在国内的企业工作或留在高校、科研院所、还是考取公务员、选调生、参军入伍，抑或是志愿服务西部等等。看到他们撰写的文章，让我看到他们身上都有一种"咬定青山不放松"的执着，都有着在为毕业后的目标及了持续的努力和坚持的经历，都有遇到困难和迷茫而想办法熬过的时刻。后来，我很好奇，于是在直年前，我几乎逐个与他们进行了一对一的访谈。他们告诉我，困惑也是有的，是啊，谁的青春不迷茫。但是无论怎样，他们更清楚地知道自己到底要什么，到底想成为什么样的人，这个非常关键。

另外，哈佛大学非常著名的关于目标对人生影响的跟踪调查，调查的对象是一群智力、学历、环境等条件都差不多的大学毕业生。结果是这样的：27%的人没有目标；60%的人目标模糊；10%的人有清晰但比较短期的目标；3%的人有清晰而长远的目标。以后的 25 年，他们开始了自己的职业生涯。25 年后，哈佛再次对这群学生进行了跟踪调查。结果是这样的：

3%的人，25 年间他们朝着一个方向不懈努力，几乎都成为社会各界的成功人士，其中不乏行业领袖、社会精英；10%的人，他们的短期目标不断地实现，成为各个领域中的专业人士，大都生活在社会的中上层；60%的人，他们安稳地生活与工作，但都没有什么特别的成绩，几乎都生活在社会的中下层；剩下 27%的人，他们的生活没有目标，过得很不如意，并且常常抱怨他人，抱怨社会，抱怨这个世界"不肯给他们机会"。其实，他们之间的差别仅仅在于：25 年前，他们中的一些人知道自己到底要什么，而另一些人则不清楚或不很清楚。因为并不清楚自己想要什么，甚至别人都不知道该从何处来给予帮助。

所以，这就是目标的意义所在，正如金树人先生说："人为自己设下目标，带出希望。所有的行为将会凝聚在这个希望的周围，活出意义来。"①

人生，需要一个活着的意义，或者说不仅仅是为了活着本身，而这个方向感将带给我们存在的意义和发展的意义，也会帮助我们创造美好生活和美好社会，不是吗？

法兰克福学派代表人物、精神分析的心理学家弗洛姆在《生命的展现》一书中提到："我们需要一个现身的目标，以便于把力量整合到一个方向。"②这个献身的目标可以超越孤独、超越迷茫、超越不安全感和漂泊的灵魂。

于是，有人会说，那没有目标又能怎样呢？有一个真实的例子，说明一个人若看不到自己的目标，会有怎样的结果。

---

① 金树人：《生涯咨询与辅导》，高等教育出版社 2007 年版，序言第 1 页。

② 转引自金树人：《生涯咨询与辅导》，高等教育出版社 2007 年版，序言第 1 页。

案例

1952年7月4日清晨,加利福尼亚海岸笼罩在浓雾中。在海岸以西21英里的一个小岛(卡塔林纳岛)上,一位勇敢的女性跳入太平洋中,开始向加州海岸游去。要是成功了,她就是第一个游过这个海峡的女人。这名妇女叫费罗伦丝·查德威克。在此之前,她是第一位游过英吉利海峡的女性。

那天早晨,海水冻得她身体发麻,雾很大,她连护送她的船都几乎看不到。时间一个钟头一个钟头过去,千千万万人在电视上注视着她。有几次,鲨鱼靠近了她,被人开枪吓跑了。她仍然在游。在以往这类渡海游泳中她的最大问题不是疲劳,而是刺骨的冰水。

15个小时之后,她被冰冷的海水冻得浑身发麻。她知道自己不能再游了,就要叫人拉她上船。她的母亲和教练在另一条船上。他们告诉她海岸很近了,叫她不要放弃。但她朝加州海岸望去,除了浓雾什么也看不到。几十分钟之后——从她出发算起15个小时零55分钟之后——人们把她拉上了船。又过了几个钟头,她渐渐觉得暖和多了,这时却开始感到失败的打击。她不假思索地对记者说:“说实在的,我不是为自己找借口。如果当时我看见陆地,也许我能坚持下来。”人们拉她上船的地点,离加州海岸只有半英里!

后来她说,真正令他半途而废的不是疲劳,也不是寒冷,而是因为在浓雾中看不到目标。查德威克一生中就只有这一次没有坚持到底。2个月之后,她成功地游过了同一个海峡。她不但是第一位游过卡塔林纳海峡的女性,而且比男子的纪录还快了大约两个小时。查德威克虽然是个游泳好手,但也需要看见目标,才能鼓足干劲完成她有能力完成的任务。如果我们压根儿就不清楚或不很清楚目标在哪里,那么甚至别人都不知道该从何处来给予帮助。①

如果我们的目标是明确而坚定的,那么即使面对挫折和困难,也依然能够百折不挠,抓住机会,让梦想一步步变为现实,更重要的还在于即使逆境,还能产生激情,将潜能发掘与释放最大。

二、目标就是力量,奋斗才会成功

如果你真的拼了命想成为某种人,拼了命想做一件事,全世界都会为你让路,整个宇宙都会联合起来帮助你完成,这就是《中庸》里边说的至诚——“至诚如神”:“至诚之道可以前知。国家将兴,必有祯祥;国家将亡,必有妖孽。见乎

---

① 参见读者文摘精华文丛编委会主编:《读者文摘精华文丛》第二辑,贵州人民出版社2017年版,第139页。

蓍龟，动乎四体。祸福将至，善必先知之；不善，必先知之。故至诚如神。”①

有学生问，怎样才能考上博士呢？怎么样才能进入优选呢？怎么样才能进入世界500强企业呢？怎么才能……只有两个字，那就是“至诚”。对我们的目标保有至诚！那就是清晰的目标和发展方向会带给我们神奇的力量和希望。当一个人有了“咬定青山不放松”的方向感和持续性的改变，那么这便是人生力量的积累。因此，目标的意义就在于：第一，目标带给个体无尽的动力和无限的希望。第二，目标使得个体省察自我，不断行动。第三，职业生涯目标的实现永远是无数个行动的结果。

第二节　目标设置的注意事项

一、什么是目标

目标，指的是“射击、攻击或寻求的对象，也指想要达到的境地或标准”②。前者是具体的，后者是抽象的。大家一起来看，不同情境中的目标，其含义是前者还是后者？柳青《铜墙铁壁》第一章：“人一乱跑开就坏了，正好成了扫射的目标。”③沈从文在《题记》中提到，由他说来，他所有的作品，只能说是一个开端，远远没有达到他的目标。

我国在十九届五中全会审议通过了《中共中央关于制定国民经济和社会发展第十四个五年规划和二〇三五年远景目标的建议》。“确保如期全面建成小康社会、实现第一个百年奋斗目标，为开启全面建设社会主义现代化国家新征程奠定坚实基础。”有了目标，国家就有了奋斗方向。

目标不仅仅是个体层面，同时存在于组织层面、社会层面和国家层面。一个人或一个组织所设想、计划和承诺要达到的预期结果或可能结果，是个人或组织的一种期望。

中西方对于目标的概念界定，都强调对未来要达成的结果或者说状态，但是中华文化语境下的目标更加强调整体，强调境界，比方说王国维在《人间词话》中提到的三个境界，而后者更加注重数量化的具体的结果。

二、目标分类

根据不同标准，目标有着不同的分类。

---

① 《大学·中庸》，王国轩译注，中华书局2006年版，第110页。

② 《现代汉语词典》，商务印书馆2017年版，第926页。

③ 柳青：《铜墙铁壁》，人民文学出版社1951年版，第8页。

按照主体进行分类，可分为个人目标和组织目标。

按照时间进行分类，可以分为长期目标、中期目标和短期目标之分。

长期目标一般为5～10年，中期目标一般为3～5年，短期目标一般为1～2年，短期目标又分日目标、周目标、月目标、年目标。

长期目标是综合性全面的目标，是被期待的目标。比如，我国提出“二氧化碳排放力争于2030年前达到峰值，努力争取2060年前实现碳中和”。碳达峰、碳中和将成为我国“十四五”乃至更长时间污染防治攻坚战的重要目标。那么这个是一个长期目标，减少碳排放意味着很多产业要关停，经济发展会受到影响。一些工厂关停，工厂的工人就要下岗，那么这些人怎么办，当地经济怎么发展？所以经济代价也是比较大的。因为对于一个发展中国家，一个要养活14亿人口的国家来说，这是相当不容易的事情。相当于我们国家牺牲了自己的利益，来维护全球的环保和生态发展。应当说，这是我们国家展现的大国风范和责任担当，也是作为世界一分子作出的承诺。反思我们个人，目标制定上除了关注个人发展，也应该关注自己作为社会国家一分子的责任。2020年，我国首次将“做好碳达峰、碳中和工作”列为年度重点任务之一。那么这个就是短期目标，是在本年度内所要完成的工作。

按照对象进行分类，可以分为生活目标和职业目标。生活目标比较容易理解，读什么样的书，爱什么样的人。那么，到底什么是职业目标？职业目标就是人们在了解了自我和外部世界的基础上形成的、有实现可能性的、对未来职业发展的一种向往与追求。比如说，我要成为一位国际知名的学者，用我的学识服务这个社会；我未来的工作要年薪百万；我要32岁晋升教授，培养更多的年轻人；我要在一家世界500强的企业做产品经理，服务于更多人。我要成为一名自由职业者，要自由自主地按照自己的节奏工作，等等。

按照层次进行分类，可以分为宏观目标和微观目标。宏观目标讲战略，微观目标讲执行。通俗一点儿来说，战略就是布一个局，这是道的层面，也是宏观层面的东西。关于战略的说法很多，大家通常觉得战略和社会、和组织、和大企业有关，很高大上，似乎与个人发展没有多大关系。事实上，战略规划和个人发展目标设计恰恰密切相关。作为研究生，要为研究生甚至博士阶段布好局，形成个人的战略发展规划。

那么，宏观和微观差异的关键在哪里？在于“战略负责制定方向，执行负责把这个方向给落实”。我们用这样一个最简单的公式来讲明白战略和执行的关系——成果＝战略×执行。如果说战略是“1”的话，那么执行就是后面的“0”。有战略没有执行，永远是一个“1”，而有执行，没有好的战略，那永远可能就是“0”。所以，战略是选择如何做正确的事情，执行则是如何正确地做事情。就这个意义而言,其实目标是立体丰富的,也是一个多层次的体系。

泰勒·本·沙哈尔[①]毕生致力于研究高峰体验和巅峰表现,他曾说过:“人类最好的时刻,通常是在追求某一目标的过程中,把自身实力发挥得淋漓尽致之时。”[②]通过目标分类,可以进一步了解目标的多元性,在进行目标设置的过程中为我们提供更多的启发。

三、目标的设置原则

1. 具体的,明确的(specific)

目标的设定不能含糊不清。如果一个学生告诉我说他的目标是做老师。可是,老师也分成很多种。小学、初中、高中、职业类院校、本科院校等等,就是本科院校也分“双一流”高校和非双一流高校。即使在高校,教师也分为不同的岗位,教学岗和行政岗,以及教学型、教学科研型、科研型。教学岗位要求与行政岗位的基本要求是完全不一样的。教学科研岗位要求非常注重教育教学能力和科研能力。如果是行政岗位的话,那么就需要有行政管理能力、人际沟通能力、协调组织能力等等,如研究生阶段的学生干部经历等等。所以,明确而具体的目标设计才能真正有引导意义。我们也才能够未雨绸缪,提前行动和积累。

2. 可量化的(measurable)

只有可量化,才会有一个可以测衡量成功或者失败的标准。比如,山东大学博士毕业的基本要求就是你要发表领域内的两篇高质量的文章,像人文社科类就要发表在 CSSCI 上。只有发表了这两篇文章才有毕业的前提。

3. 可达到但必须有一定挑战(achievable,challenge)

就你的能力和特点而言,实现这个目标是现实的、可能的。

4. 有意义(relevant or rewarding)

目标需有一定意义,相关及有价值的,并有奖惩的措施。目标有激励、有导向研究生有综合素质测评,还有研究生校长奖学金、道德风尚奖,设置这些奖项的时候,奖项的背后都有意义和导向性,并且也一定会有相应的奖励措施的。我们在进行目标设计的过程中,是有价值有意义的,最好设置一些奖励措施。

5. 有明确时间限制的(time-bounded)

比如我们国家的百年奋斗目标,我们的 2035 年远景目标。这些都是有明确时间节点的。我之前带一个社团,遇见了一个非常可爱的新生。有一天我看到这小家伙有点儿不高兴,就问她:“怎么不高兴了?”她说:“老师,收个材料怎

---

① 泰勒·本·沙哈尔(Tal Ben-shahar),哈佛大学组织行为学博士。

② [以]泰勒·本·沙哈尔:《幸福的方法》,汪冰、刘骏杰译,当代中国出版社 2009 年版,第 25 页。

么这么难?”我就问她,你是怎么通知的? 于是,他就把通知拿给我看,我一看不禁哈哈大笑。为什么呢? 这个通知里没有具体的截止时间。“对不起,同学不知道什么时候交给你啊。”当我指出一点的时候,她也很不好意思,怪自己竟然漏掉了如此关键信息。

哈佛大学的爱德华·班菲德博士对美国社会进步动力的研究发现,那些成功的人往往都是非常有时间观念的人。他们在做每天、每周、每月活动规划时,都会用长期的观点去考量,会去规划五年、十年,甚至二十年的未来计划。他们分配资源或作决策都是基于他们预期自己在几年后的地位而定。这一研究成果,对于刚刚即将跨入社会或者继续直接深造读博的研究生有着重要的启示作用。

第三节　哪些因素影响目标达成

一、影响因素

中国人民大学周文霞教授在研究职业生涯规划中提出了这样一种模型:人力资本、心理资本、社会资本和道德资本。[①]

1. 人力资本(早期)

“knowing-how”是指员工的知识、技能和能力回答了“你怎样工作”的问题,反映了个人的人力资本情况。人力资本是非常重要的,强调我们研究生能做什么,在我们毕业的时候,有什么样的本事可以拿出来,算是我们给自己的一种敬意,或者说对社会的一种敬意吧。重点在于个人所掌握的知识和技能,也是用人单位着重考量得比较客观的指标。所谓你若盛开,清风自来(If you want to be loved, be lovable)。

一定打造自己的个人品牌,因为今天我们的学习和探索就是一个不断自知的过程,就是一个永远探索与发现的过程,永远是一个可持续成长的过程。你成了行业的尖子,你就能走运,机会自然会到来。而我们每一个人一定都有自己的生命发展和生涯发展的节奏。

“今天,世界唯一不变的是什么?”斯宾塞·约翰逊曾经说过:“唯一不变的是变化本身。”这一点我们在第二章的时候也谈到过:全球化,尤其是移动互联网的迅猛发展,使得世界上任何一个角落的变化都十分剧烈且迅猛异常。那我们该如何在这个变革的时代和社会中,做好早期的人力资本积累,保持上升的

---

① 参见周文霞等:《人力资本、社会资本和心理资本影响中国员工职业成功的元分析》,《心理学报》2015 年第 47 期。

状态？有人说："学习。"有人说："要有一种开放的心态。"没错，在这个变革的时代中，若要保持个人持续性成长，那就是以开放的心保持终身学习。

2. 心理资本（始终）

"knowing-why"回答了"你为什么工作"的问题，包括个体的动机、意义、认同、人格、兴趣和价值观等。周文霞将其表述为"内部积极心理资源"。

很多时候，人们不为现实而痛苦，只为观念而痛苦。有积极的心理资源会在职业发展中获得更多的赞助，获得向上流动的机会。我有一个学生，当时给我做研究生助理。他就是一个天生的乐天派，即使做事情不合适被你批评了，也总是乐呵呵地虚心接受并予以改正。硕士研究生毕业后，他很高兴地打电话给我，说："老师，我跟您分享一个好消息，我居然考上了中国人民大学的博士生。"无论什么时候，这位同学每天乐呵呵，很少见到他抱怨，当你把工作任务给他的时候，总是会觉得很放心。所以老师们有好机会也会愿意提供给他。有积极的心理资本，是会获得更多的欢迎、认同和帮助的。

毛泽东的《卜算子·咏梅》——"风雨送春归，飞雪迎春到。已是悬崖百丈冰，犹有花枝俏"充分表达了那种革命乐观主义精神、那种不惧困难胸怀和豪迈。所以，有意识地挖掘个体积极的心理资源，会令人受用终身。而始终相伴的是，我们永远要有一颗感恩的心，感恩这个时代，感恩于伟大的祖国，感恩于生养我们的父母，感恩于赐予我们的大自然。所有这一切，会让我们永远保有心灵的健康和对美好的追求，同时，还有一份慈悲与宽容。有一位作家这样写道："愿你有好运，如果没有，请在慈悲中学会坚强；愿有很多人爱你，如果没有那么多人，请在宽容中用我们最温暖的手臂拥抱自己。"

3. 社会资本（中期）

回答了"你和谁一起工作"的问题，反映了个体的社会资本情况是指一系列有助公司社会网络活动的内外部人际关系。人际关系很重要。我们是谁并不重要，重要是我们和谁一起工作，这就决定了我们拥有怎样的人力资本，能够动员社会资本，而在这种关系中，在组织中有人能够认同你、欢迎你、帮助你、提携你，提升职业生涯的主观满意度和幸福感。

4. 道德资本（始终）

道德资本是符合规律性和目的性，因为道德是底线性质的安全保障。短片《猎场》讲述了一个求职者为了能够取得面试成功，完全复制粘贴了别人的求职简历，结果面试的时候，被面试官轻戳穿的故事。面试官阅人无数，他们通过面试环节的各种问题，快速地了解到一个人过去的经验、知识背景和能力状况，想蒙混过关其实难度是很大的。求职是这样，学术是这样，生活当中也是如此，比如超过规定期限还未还信用卡的结果会让你在以后的银行贷款中遇到麻烦。

一个人要获得持续性的成长和目标实现，一定要强化心理资本、提高人力资本、积累社会资本并维护道德资本。

二、实施策略

1. 战略性

做战略，最关键就是要提高自己的视野。视野被局限住，那么就无法看到更高更远处的东西。曾经在国内还没有发展互联网时，人们对此的认识会有局限性，因此互联网在国内就会有很大的空间，而这个发展趋势被在美国接触到互联网的马云看到了。作为中国互联网经济的先驱，马云和他的淘宝网帮助无数的中国小企业实现他们的梦想，而这就成为马云的战略愿景或者是人生使命。所以，你会发现，很多人会到一流的高校和科研院所进行交流访学，道理也是一样的，那就是打开我们的视野，看到更远的地方。还有很多人会加入MBA、EMBA这样的圈子，或者进入学术团体以及行业协会或社团中，本质上来说这都是帮助我们开阔视野，跟牛人一起看世界、观未来。

2. 全局性

通过向外看个人的发展一定要紧紧地把握住行业的脉搏。这才是战略层面。只有战略正确，战术才有意义。如何向外看？

第一，选择国家所需。生态建设、精准扶贫、创新创业，只有关注了国家的发展与走向，关注了时代的需求，关注了国家的大政方针，我们个人的发展才有了前提和基础。尤其这个时代之下，我们国家对创新的需求，世界对创新的需要不言而喻，那么作为研究生可以做点什么呢？

第二，选择行业前三名。当你有实力有能力选择时，竞争力即属于行业前三名。成熟的行业都已经进入到垄断，形成了行业品牌格局。很多时候最终遵循的二八原则，即20％的企业吃掉了80％的市场利润，80％的企业争夺剩下20％的市场份额。比如，很多人在消费当中一般选择蒙牛或伊利，虽然事实上区域的本土企业也是不错的，但是经过了长期的竞争和各种因素的博弈而形成的格局会在一个长期的过程当中保持。作为个体，你只有在这种稳定的处于优势之上的格局当中，才能得到基本的稳定的需求。当然除了这些优点之外，行业前三名也会有比较大的弊端，因为谁都很难确保这种情况可以持续存在多久，同时，在急速变革的社会当中，龙头企业们的竞争更是残酷的。

难道除此之外就没有希望的空间？当然不是。

第三，选择朝阳行业。除了行业前三名之外，其实我们绝大多数人依然会选择中小企业。而且有时候这些中小企业会发展得出奇得好，有时甚至比世界500强，中国500强还要好。在选择中小企业的时候，一定要从未来具有发展潜力的行业当中选，也就是选择新兴行业。新兴行业的特点是企业比较小，但具有无限的发展空间。新兴行业与成熟行业相反，没有几家独大，只有群雄逐鹿。新兴行业里的企业发展迅速，会给你提供足量的锻炼和快速成长的机会。就拿十几年前的互联网行业来说，那个时候从事这一行的毕业生到现在只要努力都没有发展得太差，在这些企业当中发挥创新创业能力的同时，可以伴随行业企业的高速发展，获得丰厚的回报。大家都知道的“优酷”，这家公司成立于 2006 年 6 月，2007 年招聘员工的时候还没有几个人知道，可是仅仅过去四年时间，2010 年 12 月公司便在纽交所上市，公司执行全员持股，500 多名员工均身价超过百万。虽然这是特例，但是我们毕业后如果选择中小企业，那么目标一定选在朝阳行业的中小企业当中。[①]

另外，我们更要向内看：前边我们学习到，人生可以规划，规划的前瞻性决定了我们未来发展的高度。何为前瞻性，其前提在于——知己。老子曾说：“知仁者智，自知者明。”只有这样人，才能活得明白，因为我们明确知道自己的优势、自己的特长、自己的短板，自己喜欢什么、不喜欢什么；最重视什么，最期待什么。如果可以的话，当我们把我们的目标设定高一些，当我们在思考那个“我到底想成为什么的人的时候”或许未来的那个我就会带给我们极大的动力完成我们的使命。人出生在什么国度，赶上什么样的年月，都不由自己来决定。唯一能决定的，是你想做什么样的人。坚守怎样的理想，活到怎样的人生就很知足，为我们的家庭、为我们的社会、为我们的国家做点什么，这样就会觉得此生无憾了吧！

3. 实现路径可视化：生涯平衡轮

生涯平衡轮是一种生涯发展工具。它结合了左脑（分解及分析）和右脑（整体图像）的优势，经常能够让我们自己有比较深的觉察。平衡轮可以有多种使用方法，可以用于职业目标、生活目标、工作目标等（见图 14-1）。

平衡轮的使用方法：

（1）画一个大圆，平均分成 N 等份，通常是 5～8 等份。圆心为 0，圆周为 10 分。

（2）填上对你来说重要的内容。比如：财富、健康、家庭、事业、朋友、休闲娱乐、个人成长、自我实现八个方面。也可以根据自己的实际情况划分。

（3）预期每个领域的理想状态。注意人生难以十全十美，能够做到 8 分以上就很不错了。

（4）评估每个部分的现状。诚实真诚即可。

---

① 参见赵正宝：《趋势的力量》，中国广播电视出版社 2012 年版，第 68 页。

(5)为每个部分设计改进的行动。找到那个起杠杆作用的事项,重点关注。

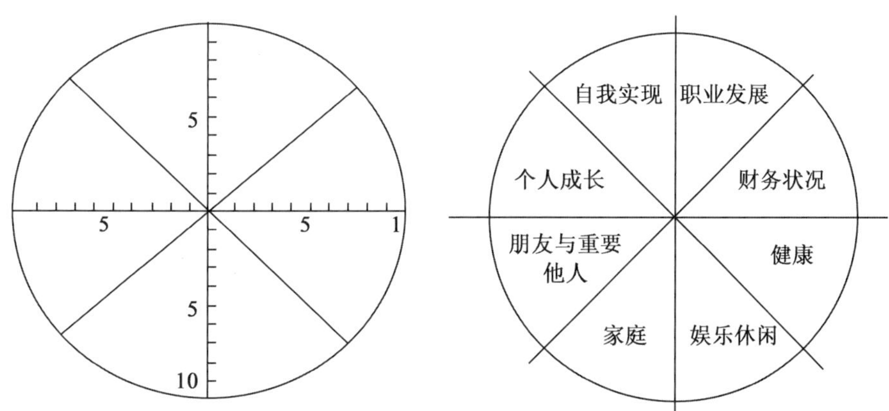

图 14-1　生涯平衡轮(左边:空白的平衡轮;右边:填入内容的生涯平衡轮)

生涯平衡轮可以用于职场、家庭、个人发展等各个方面。客观地把自己的平衡轮画出来,然后再根据自己的薄弱点进行提高,比如,“我财富现在 3 分,三年后我想达到 6 分”等,可以做一年的计划,也可以做三年、五年的计划。对目标的达成非常有效。

个人建议每年的年初给自己过去一件做个评估,再给未来的一年做个计划,到年底看一下实际的完成情况,如果不理想就要考虑计划的全理性与实施的方法等问题,结合这些问题,再作出下一年的计划。

当我们有了远景规划,但是依然不太那么清晰目标时,可以借助生涯平衡轮来完成。尤其是当你不清楚自己的目标的具体细节时,可以使用平衡轮来对目标进行具体化。例如,想要“一个理想的工作”,可以使用平衡轮进行具体的刻画:薪酬、工作内容、地点、环境……然后评估各方面的优先级或者重要性。

再比如生活平衡轮,是对当前生活状态的一个“快照”,帮助全面审视自己当前的状态。在对自己每一个重要的生活领域进行满意度评估后,使用如下提问:你有什么发现?你最想要哪几个领域有所改变?你想要有什么样的改变?你做些什么就可以实现这个改变?什么时候开始第一步行动?

当然,这个平衡论可以做成阶段性目标、月目标或者年度目标。我的一个朋友和我分享了两年前她做的平衡轮。她的很多重要目标都实现了,比如出版学术著作、时间自主、出国交流、晋升导师、改善居住条件等。当对目标有了清晰的认识,可以使用平衡轮迸发大量行动方案,目标实现就不是困难的事情了。

第四节 成功实现目标有章可循

一、精准练习刻意化

刻意练习在技能提升中非常重要。积累一万个小时则可以成为这个方面的专家。但是如何积累呢？大脑中有灰质和白质之分，前者负责信号传递给神经细胞，而后者则将信号传递给我们的肌肉，通过有效的练习，保持连续性。如何保持练习的有效性？对于顶尖的技术家或者舞蹈家而言，每周至少要花50～60小时进行练习，练习将使得我们的信息传导形成一种习惯化的反应。另外，头脑中的练习也是不可少的，也就是说依靠想象也可以进行强化。比如，进行面试前一天晚上，我们可以进行想象的练习，就像放电影一样，不断想象那些画面和可能的细节。当我们拥有理想，作出承诺，那么便能巩固人生的意义；因为我们的今天决定明天，而明天将决定我们的未来。有些事你现在不做，一辈子都不会做了。

二、反省认知经常化

苏格拉底说："不经过思考的人生是不值得过的。"吾日三省吾身，强调反思的重要。那么，国外学术界是怎样界定呢？思考的思考就是"元认知"，就是关于认知的认知(metacognition)。我们可以通过看名人传记的方法来进行反省认知的提升练习。日常生活中很多人都有记日记的习惯，而其中最极致的就是曾国藩日记，直到去世前一天他还记日记。日记不仅仅是一种反思方式，同时坚持也会缓解压力和消极情绪，当然也是一种记录美好生活的方式。此外，还有两种方式，需要知道：

1. 寻找导师

此处的导师也不一定是我们的硕士生导师或者博士生导师，也可以是我们的前辈、我们工作中的领导，也可以是我们的知己好友。这个人永远在那里无条件地支持我们的成长和发展。每当我们遇到问题时，总有一个坚定和睿智的人在为我们出谋划策或指点迷津。你会发现，做老师的永远期望学生发展更好，永远期待学生能够青出于蓝而胜于蓝！所以，从这个意义上讲，如果人生中有这样的导师，那确实是一生的幸运！此外，一定要有几个比自己年长的朋友，年长的朋友他们会在人生的经历中所磨砺出来的精华分享给我们，减少了我们独自摸索的时间。当我们在人生中遇到困惑的时候，那个人就站在那里，会客观地帮你分析和出谋划策。这些有大格局、正直良善、亦师亦友的人会给到我们从同辈朋友那里不曾有的见识和成长。

2. 自我实现的预言

在 1998 年百年不遇的大洪水中，有位逃到树上的女孩子，对生的渴望让年仅 9 岁的她足足在即将抹过树尖儿的大树上坚持了将近 9 个小时，直到被人们救下。若不是她对生的渴望，对生的信念，谁都无法预知结果。还有在汶川地震中被营救出来的人们以及此次新冠疫情中那些充满对生的赤诚与渴望的人们。一个人信念强大至关重要。哈佛大学沙哈尔博士在《幸福课》中提到，特别成功与不成功者之间最大的区别在于自信，就是自我实现的预言效应。

三、行动维持自觉化

1. 行动形成习惯

如何做才能持之以恒？我们的读书打卡、健身跑步、早睡早起、每天阅读一篇文献、每周撰写 1000 字的文章等，无论如何，行动一定要跟上。因为我们除非先塑造行为习惯，不然改变根本无法持续。通过集中精神、情感、力量、自信完成我们的承诺，通过充分的激励完成行动。第二种便是直接去做。很多时候，我们的态度有改变，但是没有行动跟上，之前的旧习惯还是照样，行为便被拉回到了原来的水平。如果要改变，就必须在行动上改变，逐渐形成习惯，那么这样的行为就能够持续下去。

2. 构建个人的社会支持系统

人在本质上是“一切社会关系的总和”①。人是社会性动物，人在社会联系中需要彼此的相互支持，需要构建社会支持系统。当一个人的支持系统足够强大的时候，哪怕遇到天大的事情，对他来说也是只平凡小事一件；但是当一个人的支持系统非常弱小的时候，哪怕遇到只是平凡小事一桩，于他而言则如天要毁灭一般。一个人的支持系统强大与否在于这个人与世界的彼此联系的广度、深度与紧密度。所谓广度是指一个人的人力资源的网络有多大，这些资源是否可以为我所用；所谓深度是指一个人的人力资源与我个人的关系的交往程度如何；所谓紧密度是指一个人的人力资源是否与我建立了心理上深层次的链接。当一个生命积极地去影响另外一个生命的时候，另外一个生命是会感觉到温暖的支持与陪伴；当一个生命去辉映另外一个生命的时候，生命之间便彼此相互辉映并快速成长。

3. 实践出真知，保持行动的力量

不清楚想要什么的时候，就去实践。实践出真知，实践也是最好的老师。

---

① 《马克思恩格斯文集》第 1 卷，人民出版社 2009 年版，第 501 页。

哈佛大学桑德尔教授说："经验、特殊的个人经历，无法预知的生命经验，在确定中不断成长的经验，是生活意义的基础。"①人像一粒种子偶然地飘落到这个世界上，我们的存在必须通过行动来证明，因为，职业目标的实现不是别的东西，而是行动的结果。要从内心认识到成长有时候也需要失误。从生活中汲取的经验与教训，比口头讲一百遍道理都印象深刻。"犯错误"是成长中的必修课，只有修够一定"课时"，才能真正实现举一反三、自我反思。我们要充分看到在成长中的过失与成就具有同样的价值。因为，年轻的最大魅力就是不断犯错误而有时间去改正，之所以可以忍受苦难，在于拥有希望。

"一朵如其所是的玫瑰，才是玫瑰。每一个人，每一株植物，每一只动物都有一个天生的使命，那就是完成如其所是的自己！"②同学们，让我们行动起来！做一个眼中有世界、心中有梦想、肩上有担当、脚下有行动的人吧！

总结与实践

1. 总结

本章介绍了职业目标的意义、目标的分类、目标的设置原则，影响目标成功的因素，还介绍了如何实现目的方法。

2. 实践

（1）写一封信给毕业时的自己，重点描述毕业时想成为的样子，想实现的目标和为什么，以及你要通过什么样的行动实现目标（500 字左右）。

（2）借助本章学到的工具和方法，比如借助生涯平衡轮等工具对自己的生涯规划进行总结与反思，并找到同学进行讨论。

---

① ［美］迈克尔·桑德尔：《反对完美》，黄慧慧译，中信出版社 2013 年版，导论。

② 金树人：《生涯咨询与辅导》，高等教育出版社 2007 年版，第 61 页。

附　表

附表 1　国民经济行业分类(GB/T4754－2017)中 97 个职业分类汇总

序号	职业类别	序号	职业类别	序号	职业类别
01	农业	34	通用设备制造业	67	资本市场服务
02	林业	35	专用设备制造业	68	保险业
03	畜牧业	36	汽车制造业	69	其他金融业
04	渔业	37	铁路、船舶、航空航天和其他运输设备制造业	70	房地产业
05	农、林、牧、渔服务业	38	电气机械和器材制造业	71	租赁业
06	煤炭开采和洗选业	39	计算机、通信和其他电子设备制造业	72	商务服务业
07	石油和天然气开采业	40	仪器仪表制造业	73	研究和试验发展
08	黑色金属矿采选业	41	其他制造业	74	专业技术服务业
09	有色金属矿采选业	42	废弃资源综合利用业	75	科技推广和应用服务业
10	非金属矿采选业	43	金属制品、机械和设备修理业	76	水利管理业
11	开采辅助活动	44	电力、热力生产和供应业	77	生态保护和环境治理业

续表

序号	职业类别	序号	职业类别	序号	职业类别
12	其他采矿业	45	燃气生产和供应业	78	公共设施管理业
13	农副食品加工业	46	水的生产和供应业	79	土地管理业
14	食品制造业	47	房屋建筑业	80	居民服务业
15	酒、饮料和精制茶制造业	48	土木工程建筑业	81	机动车、电子产品和日用产品修理业
16	烟草制品业	49	建筑安装业	82	其他服务业
17	纺织业	50	建筑装饰和其他建筑业	83	教育
18	纺织服装、服饰业	51	批发业	84	卫生
19	皮革、毛皮、羽毛及其制品和制鞋业	52	零售业	85	社会工作
20	木材加工和木、竹、藤、棕、草制品业	53	铁路运输业	86	新闻和出版业
21	家具制造业	54	道路运输业	87	广播、电视、电影和影视录音制作业
22	造纸和纸制品业	55	水上运输业	88	文化艺术业
23	印刷和记录媒介复制业	56	航空运输业	89	体育
24	文教、工美、体育和娱乐用品制造业	57	管道运输业	90	娱乐业
25	石油加工、炼焦和核燃料加工业	58	装卸搬运和运输代理业	91	中国共产党机关
26	化学原料和化学制品制造业	59	仓储业	92	国家机构
27	医药制造业	60	邮政业	93	人民政协、民主党派

续表

序号	职业类别	序号	职业类别	序号	职业类别
28	化学纤维制造业	61	住宿业	94	社会保障
29	橡胶和塑料制品业	62	餐饮业	95	群众团体、社会团体和其他成员组织
30	非金属矿物制品业	63	电信、广播电视和卫星传输服务	96	基层群众自治组织
31	黑色金属冶炼和压延加工业	64	互联网和相关服务	97	国际组织
32	有色金属冶炼和压延加工业	65	软件和信息技术服务业		
33	金属制品业	66	货币金融服务		

附表 2　　WVI 职业价值观测量表

说明：每个问题都有 5 个备选答案，请根据自己的实际情况或想法，在题目后面填好相应字母，每题只能选择一个答案。A—非常重要；B—比较重要；C—一般；D—较不重要；E—很不重要。

序号	问题
1	你的工作必须经常解决新的问题
2	你的工作能为社会福利带来看得见的效果
3	你的工作奖金很高
4	你的工作内容经常变换
5	你能在你的工作范围内自由发挥
6	你的工作能使你的同学、朋友非常羡慕你
7	你的工作带有艺术性
8	你的工作能使人感觉到你是团体中的一分子
9	不论在工作中表现如何，你总能和大多数人一样晋升、加薪
10	你的工作可能使你经常变换工作地点、工作场所或工作方式
11	在工作中，你能接触到各种不同的人

续表

序号	问题
12	你的工作的上下班时间比较随意、自由
13	你的工作使你有不断取得成功的感觉
14	你的工作赋予你高于别人的权力
15	在工作中,你能实施一些自己的新想法
16	在工作中,你不会因身体、能力等因素,被人瞧不起
17	你能从工作的成果中,知道自己做得不错
18	你的工作经常要外出、参加各种集会和活动
19	只要你做了这份工作,就不会再被调到其他意想不到的单位或工种上去
20	你的工作能使你的世界更美丽
21	在工作中,不会有人常来打扰你
22	只要努力,你的工资会高于其他同龄人,升职或加薪的可能性比做其他工作大得多
23	你的工作是一项对智力的挑战
24	你的工作要求你把一些事务管理得井井有条
25	你的工作单位有舒适的休息室、更衣室及其他设施
26	你的工作有可能使你结识各行各业的知名人物
27	在工作中,你能和同事建立良好的关系
28	在别人的眼中,你的工作是很重要的
29	在工作中,你经常接触到新鲜的事物
30	你的工作使你可以常常帮助别人
31	在工作单位中,你有可能经常变换工种
32	你的作风使你被别人尊重
33	工作单位的同事和领导人品较好,相处比较随便
34	你的工作会使许多人认识你
35	你的工作场所很好。例如,有合适的灯光,舒适的座椅,安静、清洁的环境,宽敞甚至恒温的工作空间等
36	在工作中,你为他人服务,使他人感到很满意,你自己也跟着高兴
37	你的工作需要计划和组织别人的工作。
38	你的工作需要敏锐的思考能力

续表

序号	问题
39	你的工作可以使你获得较多的额外收入,如常发实物、常发商品的提货券、有机会购买进口货等
40	在工作中,你是不受别人差遣的
41	你的工作成果是一种艺术品,而不是一般的产品
42	在工作中,你不必担心因为所做的事情会让领导不满意而受到训斥或经济惩罚
43	在工作中,你能和领导相处融洽
44	你可以看见你努力工作的成果
45	在工作中,常常要你提出许多新的想法
46	由于你的工作,经常有许多人来感谢你
47	你的工作成果常常能得到上级、同事或社会的肯定
48	在工作中,你能做一个负责人,虽然可能只领导很少几个人,但你信奉"宁做兵头,不做将尾"
49	你从事的工作经常在报刊、电视中被提到,因而在人们的心目中很有地位
50	你的工作有数量可观的夜班费、加班费、保健费或营养费等
51	你的工作在体力上比较轻松,在精神上也不紧张
52	你的工作涉及电影、电视、戏剧、音乐、美术、文学等艺术方面

附表 3　　WVI13 种职业价值详细解释及评分

说明:每个 A 得 5 分、B 得 4 分、C 得 3 分、D 得 2 分、E 得 1 分。请你根据表中每一项前面的题号,计算每一项的得分总数,并把它填在每一项的得分栏上,然后在表格下面依次列出得分最高和最低的三项。

题号	得分	价值观	价值观详述
2,30,36,46		利他主义	职业的价值和目的,在于直接为大众的幸福和利益尽一份力
7,20,41,52		美感	职业的价值和目的,在于能不断地追求美的事物,得到美感的享受
1,23,38,45		智力刺激	职业的价值和目的,在于能让你独立思考,了解事物怎样运行和作用,并能探索新事物,解决新问题

续表

题号	得分	价值观	价值观详述
13,17,44,47		成就感	职业的价值和目的，在于能让你不断创新，不断取得成就，获得领导和同事的认可和赞扬，或不断实现自己的目标
5,15,21,40		独立性	职业的价值和目的，在于能充分发挥自己的独立性和主动性，让你以自己的方式去做事，或快或慢的节奏随你所愿，不受干扰
6,28,32,49		社会地位	职业的价值和目的，在于让你在别人的心目中有较高的社会地位，得到人们的重视与尊敬
14,24,37,48		管理权力	职业的价值和目的，在于可以获得对他人或某种事物的管理支配权，能指挥或调遣一定范围内的人或事
3,22,39,50		经济报酬	职业的价值和目的，在于可以获得优厚的报酬，使自己有足够的财力获得自己想要的东西，生活变得富足
11,18,26,34		社会交际	职业的价值和目的，在于能和各种人交往，建立比较广泛的社会联系和关系，甚至能和知名人物结识
9,16,19,42		安全感	追求职业安稳的局面，不希望有失业、调薪、调动等情况的发生
12,25,35,51		工作环境	希望在舒适、轻松、优越的环境里工作，对于相应的工作条件比工作本身更加感兴趣
8,27,33,43		人际关系	希望一起工作的大多数同事和领导人品较好，相处在一起感到愉快、自然，认为这就是很有价值的事，是一种极大的满足
4,10,29,31		追求新意	希望工作内容可以经常变换，使工作和生活显得丰富多彩，不单调枯燥

得分最高的三项是：1. ________；2. ________；3. ________。

得分最低的三项是：1. ________；2. ________；3. ________。

从得分最高和最低的三项中，可以大致看出你的价值倾向，在选择职业时就可以加以考虑。

参考文献

1. 安晓良:《我知道你在想什么:八卦心理学》,清华大学出版社 2017 年版。

2. 陈春花、曲向东、王守良等:《企业家的戈壁商学院:戈壁挑战赛的领导力、组织力、战略力和公益力》,机械工业出版社 2021 年版。

3. 杜耿:《如何有效管理自己:个性、生活与职业》,人民邮电出版社 2018 年版。

4. 黄启团:《改变人生的谈话》,中信出版集团 2021 年版。

5. 金树人:《生涯咨询与辅导》,高等教育出版社 2007 年版。

6. 沈小滨:《转型领导力:从技术到管理,从管理到领导,从领导到战略》,电子工业出版社 2020 年版。

7. 苏杰:《人人都是产品经理 3:低成本的产品创新方法》,电子工业出版社 2020 年版。

8. 王明钦:《大学之道:我所认识的大学》,社会科学文献出版社 2015 年版。

9. 赵正宝:《趋势的力量》,中国广播电视出版社 2012 年版。

10. [美]彼得・德鲁克:《非营利组织的管理》,吴振阳译,机械工业出版社 2018 年版。

11. [美]彼得・德鲁克:《德鲁克管理思想精要》,李维安等译,机械工业出版社 2018 年版。

12. [加]布赖恩・费瑟斯通豪:《远见:如何规划职业生涯三大阶段》,苏健译,北京联合出版有限公司 2018 年版。

13. [奥]茨威格:《人类群星闪耀时》,彭浩容译,中国言实出版社 2004 年版。

14. [英]狄更斯:《双城记》,张玲、张扬译,上海译文出版社 2011 年版。

15. [美]弗・司各特・菲茨杰拉德:《崩溃》,黄昱宁、包慧怡译,上海译文艺出版社 2011 年版。

16. [美]弗雷德·考夫曼:《清醒:如何用价值观创造价值》,王晓鹂译,中信出版社 2017 年版。

17. [法]罗曼·罗兰:《母与子》,罗大冈译,外国文学出版社 1990 年版。

18. [德]歌德:《少年维特的烦恼》,杨武能译,四川文艺出版社 2016 年版。

19. [英]肯·罗宾逊:《让思维自由》,闾佳译,浙江人民出版社 2018 年版。

20. [美]康纳·克里夫顿:《飞向成功》,陈真译,中国友谊出版公司 1998 年版。

21. [美]卡罗尔·德韦克:《努力的意义,积极的自我理论》,王芳、左世江译,中国人民大学出版社 2021 年版。

22. [美]洛克菲勒:《洛克菲勒留给儿子的 38 封信》,中华工商联合出版社 2014 年版。

23. [美]莱文:《大学工作》,王芳等译,外文出版社 2004 年版。

24. [加]明茨伯格:《战略规划的兴衰》,张猛、钟含春译,中国市场出版社 2010 年版。

25. [美]马库斯·白金汉:《现在,发现你的优势》,谢京秀译,中国青年出版社 2011 年版。

26. [美]米哈里·契克森米哈赖:《生命的心流》,陈秀娟译,中信出版社 2009 年版。

27. [美]迈克尔·桑德尔:《反对完美》,黄慧慧译,中信出版社 2013 年版。

28. [加]乔丹·彼得森:《人生十二法则》,史秀雄译,浙江人民出版社 2019 年版。

29. [美]伊莎贝尔·迈尔斯、彼得·迈尔斯:《天生不同》,闫冠男译,人民邮电出版社 2016 版。